ÁLVARO OBREGÓN

ÁLVARO OBREGÓN

por Roberto Mares

Grupo Editorial Tomo, S.A. de C.V.
Nicolás San Juan 1043
03100 México, D.F.

1a. edición, junio 2004.

Nicolás San Juan 1043, Col. Del Valle
03100 México, D.F.
Tels. 5575-6615, 5575-8701 y 5575-0186
Fax. 5575-6695
http://www.grupotomo.com.mx
ISBN: 970-666-978-7
Miembro de la Cámara Nacional
de la Industria Editorial No 2961

Proyecto: Roberto Mares
Diseño de Portada: Trilce Romero
Formación Tipográfica: Servicios Editoriales Aguirre, S.C.
Supervisor de producción: Leonardo Figueroa

Impreso en México - *Printed in Mexico*

Contenido

Prólogo

Para quien esto escribe, y seguramente para algunos de los lectores —no demasiado viejos ni muy jóvenes—, el nombre de Obregón se asocia con una extraña sensación de sobriedad, repugnancia y misterio, pues no faltó el despistado maestro de Civismo o de Historia de México que nos llevara de niños, lonchera en mano, a visitar aquel pesado monumento-mausoleo, engendro del *Art decó*, que todavía se alza en lo que fuera el jardín de "La Bombilla", donde el general perdió la vida, "a manos de un fanático religioso", nos decía el maestro, para después llevarnos, en estricta "fila india" hasta el primer descanso de la alta escalera; y ahí, en un nicho abierto en el mármol sin ningún señalamiento, en un frasco de formol (o algo así) se encontraba nada menos que la mano de Álvaro Obregón, la misma que se nos había dicho que perdió en la batalla de Celaya, pero que, evidentemente, no se había perdido, sino que estaba ahí, a manera de reliquia medieval, tal vez con el iluso propósito de causar devoción en la gente, pero con el desafortunado efecto de echarles a perder el lunch a los niños en el parque y causarles, a largo plazo, una sensación aversiva respecto de la figura y la obra del general Álvaro Obregón.

Ya quedan pocos mexicanos que hayan vivido la época de Obregón, algunos recuerdan, como en sueños, haberlo visto en un acto público al que fueron llevados por sus padres. Falta muy poco tiempo para que Obregón desaparezca por completo de la memoria de los vivos, entonces se convertirá en un auténtico personaje de la historia, y de ahí en adelante, poco a poco, irá llegando al sitio que le corresponda en el intrincado universo de la cultura mexicana.

La modesta intención de este libro es colaborar, junto con los lectores, en ese proceso de maduración de nuestra visión histórica, para que el proceso revolucionario en general, y Álvaro Obregón, en particular, nos vayan revelando el significado y la lógica de lo que sucedió, para comprender mejor lo que sucede ahora y deducir lo que podría suceder, pues el futuro es menos inquietante cuando conocemos el pasado.

Roberto Mares

1

Infancia y juventud

El 19 de febrero de 1880, nace Álvaro Obregón Salido en la hacienda Siquisiva, distrito de Álamos, Sonora. Fueron sus padres el campesino Francisco Obregón y doña Cenobia Salido, ambos nacidos en Álamos.

Poco se sabe de la infancia de Obregón, pero hay un pasaje biográfico en la obra de José Rubén Romero que resulta curioso y significativo:

> *... La familia Obregón vivía en Siquisiva allá por el año 1886. Había heredado de sus padres la casa y las tierras que, aunque no fueran de una grande extensión, daban lo indispensable para subsistir: el chícharo se recogía con abundancia y el tomate ya tenía un gran mercado en las poblaciones de la frontera.*
>
> *Doña Cenobia, doña María y doña Rosita, con una triple ternura materna, cuidaban de Alvarito, un señorón de seis años a veces jovial, reflexivo a veces y siempre con una atinada respuesta en la boca. Eran las hermanas mayores, las encargadas de enseñar al muchacho las primeras letras, pero cuán larga y difícil les resultaba la tarea, porque el niño lo preguntaba todo, llevando por arduos caminos la sencilla lección cotidiana:*
>
> *– Cenobia, ¿es cierto que hay vasos con cacha?*
>
> *– Con asa, querrás decir.*

– ¡Quisiera conocer la espada con la que Dios dispara sus rayos!

Doña Cenobia se reía de las ocurrencias del niño: Cierta vez, se escabulle de la troje que le sirve de aula, y al reclamo de sus hermanas contesta que ya se sabe la lección, pero no la dice, está entregado a la enorme tarea de labrar con el cuchillo de la cocina una espada de tejamanil, tan grande como él, con la hoja revestida de papel plateado.

– ¿... y qué haces, pues, ahí? – le dice un indio mayo en su lengua, sin apartar sus ojos oblicuos de las manos del pequeño operario.

– Una espada para defenderte – contesta Alvarito.

Son estas las primeras palabras de Obregón que se pueden recoger con sentido histórico, o como signo de predestinación en su vida. El niño, que ha crecido al amparo de tres mujeres y que no sabe aún de violencias ni de rebeldías, hace una espada para defender al hombre viejo por todas las injusticias sociales, y que vive y muere incomprendido, en el negro corazón de sus montañas.

Los años de adolescencia y primera juventud de Álvaro Obregón, transcurren entre el trabajo artesanal y el cultivo de la tierra. Por lo que se refiere al ambiente social, se mueven entre las tensas relaciones con las autoridades civiles y militares del régimen decadente de Porfirio Díaz y una vaga sensación de cambio que no encontraba más forma de expresión que una especie de ansiedad colectiva. Estos elementos configuran la mentalidad de un joven que parecía destinado a repetir la pauta ancestral de su estirpe. En buena medida, Obregón nunca dejó de ser un hombre de campo y de trabajo rudo. Había venido al mundo cuando estaba a punto de iniciarse el gobierno de Manuel González, hombre del norte de sobrias costumbres, como labrado con el cincel porfiriano.

La gran capacidad de trabajo y compromiso de Álvaro

le permite superar la incómoda posición de ser el último de dieciocho hermanos, huérfano de padre casi al nacer, y de madre cuando apenas terminaba la infancia; desde muy temprana edad aprende a valerse por sí mismo, aceptando cualquier tarea remunerada. A partir de 1890, la familia radica en Huatabampo, en busca de un campo de trabajo menos restringido que el de su pequeño pueblo.

—*¿En qué escuela cursó usted las primeras letras?* —le preguntó un periodista en 1920.

—*La verdad es que yo nunca fui colegial* —respondió Obregón.

Al parecer, desde muy pequeño había tratado con los indígenas y existen testimonios de que podía comunicarse con ellos en su lengua. Aunque gustaba de presentarse como protector de los indios, durante su mandato hubieron brotes de sublevación, e incluso él estuvo a punto de caer en un atentado, en 1926.

Con sólo unos años de estudio en la escuela de un hermano, se empleó como maestro de primaria. Durante dos años reside en Navolato y presta sus servicios en el taller mecánico de un ingenio azucarero. Vuelto a Huatabampo, contrae matrimonio y procrea tres hijos, de los cuales pierde uno antes de quedar viudo, contando apenas con veintisiete años de edad.

En aquella época de su vida, su mayor deseo era convertirse en propietario de tierras, y él mismo relató, hablando desde la tribuna de la Cámara de Diputados, cómo pudo adquirir un pequeño terreno, de apenas una hectárea y media, gracias a uno de los programas que el gobierno porfirista había puesto en marcha; él fue incrementando considerablemente esta propiedad, que bautizó como *La Quinta Chilla*, la que fue el origen de un conjunto de propiedades que llegaron a sumar 3,500 hectáreas, y en las cuales trabajaron hasta 1,500 peones. Para entonces el centro de sus actividades agrícolas se ha trasladado ya desde Huatabampo hacia la estación Cajeme, lo que llegaría a ser Ciudad Obregón.

Cuando los hermanos Flores Magón emprenden la publicación del periódico "Regeneración", desde San Luis Missouri, no tardaron en llegar algunos ejemplares a Huatabampo, y Obregón manifestaba su simpatía por aquellas ideas que mucho tenían de anarquistas y románticas, pero que representaban una instancia de oposición ideológica respecto de la situación social, lo que, en el caso de Obregón, era una opción de conciencia y empatía con la gente sufriente, pues para él, en estricto apego a la conveniencia económica, el régimen de Díaz no le era hostil, pues en aquellos tiempos, antes de la revolución, él era ya un próspero agricultor y su propiedad se había incrementado en 150 hectáreas. Por aquella época, un acontecimiento mucho más próximo atrae su atención: la huelga de Cananea, que fue un acontecimiento que removió la conciencia nacional y la personal. Nada tiene de extraño, por lo tanto, que cuando el Presidente Municipal de Huatabampo lo llama, en 1910, para que firme un manifiesto de apoyo a Porfirio Díaz él se niegue a hacerlo.

En la extensa crónica que escribió acerca de su actividad militar, llamada *Cinco mil kilómetros de campaña*, Obregón señala su atracción por el movimiento democrático iniciado por Madero, aunque también relata sus dudas y confiesa su pasividad durante las primeras fases. Ante el éxito de Madero, Obregón se hace consciente de que su inmovilidad política había partido de la sensación irracional de que el orden político era inmutable, pero el triunfo de Madero le da la idea de que las cosas pueden cambiar si se hace algo para propiciarlo.

Si la entrada de Madero al territorio nacional, el 14 de febrero de 1911, para encabezar la revolución que cundía a través del país, dejó a Obregón indeciso y frío; resulta comprensible que el programa del Partido Liberal y el movimiento reyista de los años siguientes sólo le hayan deparado una simpatía un tanto escéptica. Tal vez al enterarse de que Madero había publicado *La sucesión presidencial*, así como un año más tarde, cuando la asamblea del movimiento antireeleccionista lanzó la candidatura de don Francisco I. Madero, a mediados de 1910, su espíritu práctico le hiciera creer que las cosas terminarían nuevamente, como el reyismo había acabado el año anterior, en el toral fracaso y la salida de don Bernardo a Europa. El caso es que Obregón permanece al margen aun después del Plan de San Luis, de que Díaz abandona el país al año siguiente y de que Madero asciende a la presidencia seis meses más tarde. Cuando Zapata publicó la primera versión del Plan de Ayala, a fines de noviembre del propio año, Obregón era todavía un ciudadano pasivo, cuya única inquietud manifiesta consistía en aspirar a la presidencia municipal del pueblo donde vivía.

2

El camino de las armas

Pero en 1912 Obregón toma una decisión trascendental. El gobernador Maytorena se ha dirigido a los presidentes municipales del Estado solicitando la formación de tropas irregulares, con objeto de estar en condiciones de oponerse a la entrada inminente de las tropas de Pascual Orozco a Sonora. Aunque la sublevación de los orozquistas levantó, en un primer momento, un programa avanzado, derivó pronto en busca del apoyo de los grandes latifundistas de Chihuahua. En esta ocasión, Obregón no vacila, y el 14 de abril es ya teniente coronel de cuarto batallón de Irregulares. Ha reunido 300 hombres, la mayor parte de ellos indios yaquis y mayos. Por lo pronto, los efectivos militares del flamante teniente coronel cuentan sólo con dos armas de fuego; al llegar a Navojoa, unos días después, consiguen media docena de fusiles. Las principales armas del batallón son arcos y flechas, por lo que un observador no hubiera podido pensar que aquellas fuerzas primitivas se convertirían en un ejército que habría de contribuir decisivamente a la transformación del país.

Tal vez aquel juego infantil de la espada de madera representaba la auténtica vocación de Obregón, pues él sólo se decidió a entrar en la revolución por la vía de las armas y desde un principio demostró grandes dotes militares. Los comentaristas que han estudiado sus campañas señalan su audacia, el minucioso reconocimiento del terreno, la serenidad de que daba muestra, el aprovechamiento de las debilidades del enemigo y su valor personal; elementos estos que hicieron posible la sucesión de éxitos que lo llevaron a ser uno de los pilares de la revolución. Aunque es necesario destacar que él siempre se preocupó por los planteamientos políticos que daban un aval a su acción militar; en todo caso, siempre prefirió presentarse como un ciudadano armado empeñado en la defensa de una causa política.

Al parecer, al principio chocó violentamente con sus compañeros de armas por la tendencia a imponer siempre su criterio; unos días antes de la toma de Naco, estuvo apunto de perder la vida a manos de unos cuantos inconformes con sus disposiciones. Pero su reconocida eficacia militar lo llevó a ocupar el mando indiscutible de todas las fuerzas del noroeste.

En julio de 1912, las tropas de Pascual Orozco penetraron en Sonora; venían huyendo de las fuerzas de Victoriano Huerta, después de las derrotas en Rellano y en Bachimba. Obregón los combatió, bajo las órdenes del general de carrera Agustín Sanginé y participó en las acciones de Ojitos y de San Joaquín a fines de julio y mediados de septiembre, obteniendo así el grado de coronel; pero al poco tiempo, cuando se decidió la situación de los rebeldes orozquistas, solicitó su baja en el ejército del noroeste, probablemente ansioso de regresar a Huatabampo, para continuar el desarrollo de su propiedad. Mientras se hallaba en filas, tal vez se haya enterado del decreto de Madero en junio, por el cual se estableció el primer gravamen fiscal sobre la producción petrolera que existió en nuestro país. Esta medida del presidente, sin duda alguna, contribuyó a la formación de una poderosa fuerza opositora, dispuesta al crimen y la traición.

La Decena Trágica impidió que Obregón llevara a cabo sus planes de retirarse del ejército. Antes de autorizar su licencia, el gobernador Maytorena lo designó comandante militar de Hermosillo. A pesar de los titubeos del gobernador, quien finalmente se hizo a un lado, Sonora tomó partido contra Huerta; el mismo día que Villa regresó a territorio nacional en plan de lucha contra el general traidor, Obregón tomó por asalto Nogales, asegurando de esa manera una vía de abastecimiento de armas, lo que sería decisivo para el sostenimiento de la lucha los meses siguientes. Dos semanas más tarde, al tiempo que se publicaba el Plan de Guadalupe, el 26 de marzo, las tropas que comandaba Obregón tomaron Cananea y el 13 de abril se apoderaron de Naco. Los combates de Santa Rosa, un mes después, y el de Santa María, ocurrido a fines de junio, convirtieron a Obregón en general brigadier. Por ello, cuando Villa tomó Ciudad Juárez, a mediados de noviembre, ya había surgido en el noroeste un caudillo comparable con él mismo, en cuanto a carácter e influencia. Cuando el 14 de noviembre se logró la toma de Culiacán se consolidó definitivamente la situación de las fuerzas dirigidas por Obregón.

Durante los ocho meses siguientes, Obregón avanza con gran ímpetu y prepara el asalto hacia el centro del país. El régimen de Huerta se hundía lentamente, cometiendo una serie de vergonzosos asesinatos políticos y buscando el poder total por medios militares y políticos, llegando incluso a disolver el Congreso que le había dado el poder, al aceptar la renuncia de Madero.

Por su lado, las fuerzas revolucionarias no habían encontrado mayor punto de unión que la existencia de un enemigo común y la división se hacía patente; Villa, fortalecido por sus victorias militares, se rehusaba a subordinarse a Venustiano Carranza, considerado el "Primer Jefe"; con la ayuda del general Ángeles y de un grupo de militares y políticos anticarrancistas, Villa pretendía obtener la hegemonía en todo el norte del país. Al igual que las tropas de Obregón, la División del Noroeste, jefaturada por Pablo González apoyó en cambio a Venustiano Carranza, lo cual permitió a éste sostenerse al frente del movimiento contra Huerta. Aunque el gobierno de los Estados Unidos había levantado en febrero el embargo de armamento destinado a los constitucionalistas, la ocupación de Veracruz por las tropas norteamericanas, iniciada el 21 de abril, provocó en Obregón una reacción violenta. El mismo día dirigió al Primer Jefe un telegrama desde Culiacán, en el cual sugería que en el caso de que los Estados Unidos declararan la guerra a Huerta y bombardearan los puertos mexicanos, los constitucionalistas declararían también la guerra al vecino país, para evitar que Huerta capitalizara la situación a su favor. Algunos meses después trató de convencer a Villa, quien había tenido en abril una actitud ambigua, para que apoyara a Carranza solicitando del gobierno yanqui la desocupación del puerto de Veracruz; pero Villa se rehusó, temeroso de que tal hecho perjudicara sus relaciones con los Estados Unidos, lo que redundaría en la suspensión de su abastecimiento de armas. Entre tanto, los triunfos del llamado "Ejército Constitucionalista" se multiplicaban; en abril cayeron Torreón y Monterrey, y en mayo Tampico.

Pocos días después de que la División del Norte, al mando de Villa, toma Saltillo, y después Zacatecas, Obregón se presenta frente a Guadalajara y derrota las tropas huertistas en Orendáin y Castillo, lo que le permite ocupar la capital del Estado el 8 de julio. Ascendido a general de división, firmó la paz en Teoloyucan y ocupó la ciudad de México el 15 de agosto. De este modo quedó disuelto el ejército federal, que Madero, en un acto de debilidad que le costó la vida, había dejado subsistir.

El regreso al poder del gobernador Maytorena desembocó pronto en un grave conflicto con Hill, Calles y Salvador Alvarado. Maytorena buscó y obtuvo el apoyo de Villa, que había roto sus relaciones con Carranza a causa de las diferencias existentes entre ellos sobre la conducción de las operaciones militares. Casi al mismo tiempo que Cabrera y Villarreal conferenciaban en Cuernavaca con los zapatistas, el Primer Jefe enviaba a Obregón con el propósito de tratar de convencer a Villa de que Maytorena debía retirarse y entregar el poder al general Cabral. Este viaje de Obregón a Chihuahua dio origen a su primer documento político de importancia nacional. El 3 de septiembre firma con Villa unas proposiciones a Carranza en las que los dos generales plantean la necesidad de que una vez restablecidos los poderes y celebradas nuevas elecciones, se entre en un proceso de consulta para modificar la Constitución vigente, que era la de 1857, suprimiendo la vicepresidencia y estableciendo un nuevo sistema para suplir las faltas del Presidente; sugieren que se modifique la computación del periodo durante el cual deba desempeñar sus funciones éste, que se reorganice la Suprema Corte de Justicia y se cambie el procedimiento para hacer la designación de los miembros y, finalmente, piden que todos los jefes del ejército, a menos que se retiren seis meses antes de presentar las candidaturas correspondientes, se encuentren inhabilitados para desempeñar los cargos de Presidente, Gobernador de Estado y demás puestos de elección popular. El carácter, un tanto circunstancial, de estas medidas queda de relieve si se tiene en cuenta que, además, los dos generales proponían que el presidente provisional y los gobernadores de los Estados, designados al triunfo de la revolución, no pudieran ser elegidos para desempeñar estos cargos en las elecciones que se llevaran a cabo una vez efectuadas las reformas constitucionales.

Todavía en este documento no se percibe el propósito de transformar a fondo la Constitución, o de añadirle preceptos nuevos de alcance social. La recomendación de estudiar el problema agrario se confía a los gobernadores interinos de los estados, y la acción legal derivada de ese estudio es dejada a la jurisprudencia de las legislaturas locales.

Sin embargo, el movimiento constitucionalista, para entonces, estaba ya comprometido ante la conciencia nacional, a través del discurso pronunciado por el Primer Jefe en Hermosillo el 24 de septiembre de 1913, y de otras declaraciones semejantes de sus dirigentes más destacados, en el que se predica la necesidad de producir transformaciones profundas en la estructura social, económica y política del país. De esta manera, Venustiano Carranza toma el liderazgo por encima de Obregón y Villa, convocando a la convención de militares revolucionarios, encaminada a establecer las bases para el futuro movimiento constitucionalista.

3

El camino de la política

Con objeto de aliviar la tensión entre las fuerzas revolucionarias, Obregón se encarga de pactar con Villa la lucha contra Maytorena, y además logra su participación en la Convención propuesta por Carranza, convocada para el día 1° de octubre en la ciudad de México. Villa estaba sometido a una gran presión por parte de sus asesores, que lo habían llevado a chocar abiertamente con Carranza y sostenía que éste debía ocupar una presidencia simbólica sólo por corto tiempo, el suficiente para convocar a elecciones. La situación nacional parecía adecuada para que Villa pasara a ocupar el primer puesto y se convirtiera en el caudillo de la revolución triunfante, quizá con un presidente escogido entre sus partidarios más preparados y capaces. De ese modo, el poder hubiera quedado de hecho entre los consejeros de la División del Norte. No obstante, mal conocían al Primer Jefe los que alentaban las ambiciones de Villa. Para Carranza, por fuerza, aceptar una situación semejante tenía el significado de una claudicación inconcebible. El país, a sus ojos, no podía quedar expuesto a las veleidades y caprichos de un hombre incontrolable y violento; era cuestión de simple sentido común el no entregar la jefatura de esa forma.

Obregón aprovechó hábilmente la situación y logró demostrar que en las filas del ejército constitucionalista existía, por lo menos, un jefe capaz de medirse con Villa y salir airoso de la comparación. Cuando se reunió la Convención, primero en México y después en Aguascalientes, el prestigio de Villa había sufrido ya un golpe irreparable y el éxito de sus gestiones hizo concebir a Obregón esperanzas desmedidas. Años más tarde, al juzgar los resultados de la Convención, Obregón la calificó de un rotundo fracaso, ya que no pudo menos que reconocer que un buen número de convencionistas la aprovecharon para desligarse de Carranza y quedaron, de hecho, de lado de la División del Norte.

Al iniciarse la reuniones de la Convención, poco antes de que se trasladara a Aguascalientes, Luis Cabrera, con su habitual perspicacia y penetración, pronunció ante la asamblea un apasionado discurso con el fin de hacer recordar las grandes cuestiones que el movimiento revolucionario tenía enfrente y que no habían sido abordadas todavía. Desde este punto de vista, el fracaso de la Convención consistió en el hecho de que no pudo formular un programa mínimo de acción para la revolución triunfante, fuera de reconocer la importancia básica del programa agrario, la Convención fue incapaz de dar forma siquiera a los contados puntos concretos de transformación social que el Primer Jefe y otros dirigentes habían ofrecido a la nación, la cual buscaba desesperadamente su camino. Obregón fue el primero en reconocer este hecho.

El resultado de la Convención fue una mayor polarización de las fuerzas revolucionarias, con lo que se inició la fase más sangrienta de la revolución. Obregón se convierte en el Jefe de Operaciones del Ejército Constitucionalista.

La organización superior de las tropas de Carranza, el tipo de hombres contra los que ahora tuvo que luchar Villa, la rápida promulgación de una serie de medidas profundamente revolucionarias, los fatales errores de la División del Norte y otras circunstancias menores, dieron lugar a las grandes batallas de Celaya, El Ébano, Trinidad y Aguascalientes, en las que en menos de seis meses se liquidó la fuerza militar de Villa. Obregón sale de este periodo con un brazo menos y convertido en el primer caudillo militar de la revolución; pero también Carranza ha logrado, en el mismo lapso, impresionar vivamente a la conciencia nacional y encauzar las energías que luchaban desesperadamente por sacar adelante al país.

Por su parte, Obregón quiso rebasar su condición militar y lanzarse de lleno al terreno político, formulando un programa de organización social. Los primeros pasos de este programa tuvieron un carácter pragmático; en Celaya, por ejemplo, el 9 de abril de 1915, publicó un decreto que establecía el salario mínimo en 75 centavos y aumentaba en un 75% las asignaciones de cereales de los campesinos; este decreto, destinado a aplicarse en toda la zona que controlaban sus tropas, apareció cuando se aproximaba el choque definitivo con Villa y preveía la aplicación de sanciones a los patrones que no lo acataran. Otras disposiciones semejantes habían aparecido meses antes, dictadas por otros jefes militares; es necesario destacar que entre las tropas de Obregón que combatieron en Celaya, se contaban batallones organizados en la Casa del Obrero Mundial, que a mediados de febrero había establecido un pacto político con el Constitucionalismo y que representaban la corriente ideológica más coherente hasta el momento, lo que seguramente influyó en la puesta en escena de actitudes políticas.

El fracaso de la Convención impidió que se formulara un verdadero programa de cambios políticos y sociales. La revolución no había penetrado suficientemente en el país, como lo demostraron poco después el derrotero del gobierno de Carranza y las peripecias del Congreso Constituyente, era fácil que este programa se frustrara y que fueran burladas las aspiraciones de cambio que sentían, en lo más hondo, extensos grupos del movimiento armado. Algunos dirigentes pensaron que uniéndose a las fuerzas del sector villista podrían lograr mayores realizaciones; pero el carácter contradictorio de este sector, en cuyo seno existían también fuertes elementos reaccionarios, hizo pensar a otros que las limitaciones de Villa predominarían y los hizo optar, en consecuencia, por colocarse alrededor del Primer Jefe, quien, por su parte, se decidió a dar su apoyo a una serie de disposiciones avanzadas, como la ley del 6 de enero sobre la cuestión agraria, el decreto del día siguiente sobre la cuestión petrolera y la ley que establecía el divorcio y reafirmaba el carácter civil del contrato matrimonial. Además, Carranza logró convertirse en el defensor del decoro nacional frente a las fuerzas hostiles del exterior y los intentos de intervención extranjera, sosteniendo con dignidad y firmeza los derechos del país y denunciando los atropellos de que era víctima.

Por todo ello, se logró imponer el Constitucionalismo y Obregón, convertido en Secretario de Guerra en marzo de 1916, tuvo necesidad de contar cada vez más con un programa político, si no quería quedar convertido en un simple militar subordinado a Carranza.

Al regresar a la ciudad de México, Obregón y sus más íntimos allegados organizan el llamado Partido Liberal Constitucionalista, mismo que en breve tiempo logra llevar a puestos públicos a un buen número de militares y políticos, tanto en el gobierno provisional como en las legislaturas permanentes. Este movimiento tuvo influencia en el Congreso Constituyente, en la prensa y en las Cámaras, e indudablemente fue parte de la crisis que causó la caída de Carranza y el ascenso de Obregón.

Como parte de estas actitudes políticas independientes, apenas iniciadas las sesiones del Congreso Constituyente, Obregón envía una carta protestando por la presencia de varios diputados que habían formado parte del grupo que se autonombraba "renovador", y que en su momento formó parte de la legislatura que había aceptado la renuncia de Madero y por tanto había abierto el camino para la dictadura de Huerta. Esta carta obligó al Primer Jefe a intervenir directamente, y su actitud fue en apariencia equivocada, pues protegió a los legisladores cuestionados por Obregón, quienes más tarde habrían de oponerse sistemáticamente a todo proyecto de avanzada revolucionaria, definiéndose como auténticos conservadores. Un miembro de la Asamblea señala lo siguiente:

> *Cuando, en el Constituyente de Querétaro, los amigos de Obregón formamos el ochenta por ciento de la asamblea; nos llamaron radicales, jacobinos u obregonistas, pero impusimos nuestra voluntad en la redacción de la Carta Magna. Ni con su presencia lograba el Primer Jefe imponer su criterio. Nuestra opinión era la genuinamente revolucionaria y Carranza tuvo que promulgar una Constitución que resultaba muy distinta al proyecto que él envió al Congreso. Por eso se inscribieron los artículos 3, 5, 27, 123, y 130 en la Carta Magna, y por eso se cristalizaron en ella los más grandes anhelos populares.*

En mayo de 1916, Carranza había comisionado a Obregón para discutir con el general Scott, en Ciudad Juárez, la retirada de la expedición punitiva enviada contra Villa después del incidente de Columbus. Las negociaciones fracasaron debido a la insistencia del representante norteamericano, quien pedía que el gobierno de Carranza se comprometiera a reconocer y aceptar medidas de intervención directa cuando se presentara la ocasión en el futuro, como condición para la retirada de las tropas yanquis. Además, Scott pretendía aprovechar los incidentes violentos que continuaban ocurriendo en la frontera para cruzarla nuevamente en el momento que lo considerase conveniente. Había grandes concentraciones de fuerzas en Texas y constantemente se organizaban, del propio lado americano, bandas armadas que daban lugar a fricciones muy peligrosas. Obregón temía que de todo ello se provocara un rompimiento, si no se llegaba a conclusiones claras en las pláticas con Scott. En estas circunstancias, Carranza escribió a Obregón lo siguiente:

> *Yo no veo la situación tan grave, sino porque el gobierno de los Estados Unidos quiere que la veamos así. Lo que está pasando no es nuevo; el gobierno de los Estados Unidos lo sabe bien... Si el general Scott no está autorizado para fijar un término en que deban salir de nuestro territorio las fuerzas americanas, pueden darse por terminadas las conferencias... Siento no poder conferir a usted amplias facultades para tratar este asunto, porque pesa sobre mí la responsabilidad de la solución que se le dé.*

Obregón no se mostraba satisfecho con la actitud política de Carranza, en especial por su aparente tibieza o lentitud en hacer realidad los propósitos de la revolución, por medio de instrumentos jurídicos reales, y no sólo retóricos. Este descontento se manifiesta en su discurso del 22 de oc-

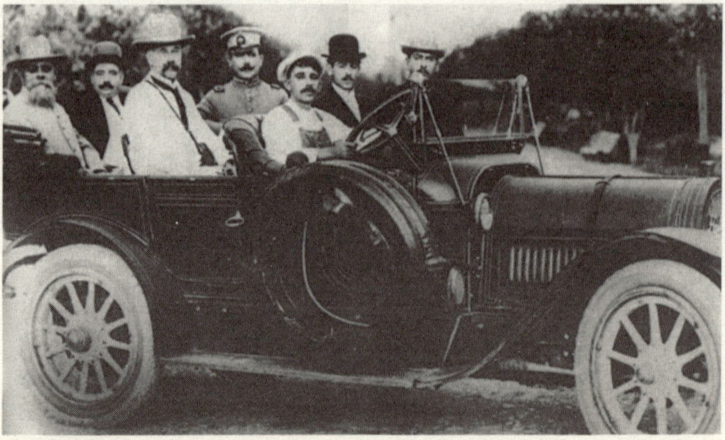

Carranza acompañado, entre otros, por el general Obregón, quien después de haber sido su aliado se rebeló contra él.

tubre de 1916, en la ceremonia de inauguración de la Academia del Estado Mayor. Es muy probable también que comprendiera la resistencia que dentro del mismo grupo de Carranza encontrarían las propuestas avanzadas y lo difícil que resultaba, en tales condiciones, que la nueva legislación se llevara a la práctica. Pero tenía un gran respeto por el Primer Jefe y, por lo menos hasta esos momentos, ambos contenían sus ambiciones personales en favor de la unidad política. Por otro lado, Obregón temía la influencia negativa de los militares con todas sus envidias y violenta vulnerabilidad. Hablando a este respecto en un mitin, celebrado en el teatro Ideal en marzo de 1915, un testigo presencial señala que *...atacó duramente a Villa, señalándolo como un peligro para la patria por sus instintos vandálicos. Lo trató de bandolero. En cambio se expresó bien de los zapatistas, quienes en ese momento lo combatían y hasta hizo elogio de Emiliano Zapata, pues a él lo consideraba simplemente equivocado. Después hizo un estudio de la situación del país, estableciendo que los tres grandes enemigos del pueblo mexicano son: el clericalismo, el capitalismo y el militarismo. Al final tuvo esta expresión, dicha con entusiasmo y una gran sinceridad: "Nosotros podemos acabar con el capitalismo y con el clericalismo; pero después, ¿quién acabará con nosotros?"*

4

Un retiro estratégico

Tal vez la extraordinaria declaración de Obregón citada al final del capítulo anterior nos permita comprender su decisión, pues el 30 de abril de 1917 renuncia a la Secretaría de Guerra y se retira a sus propiedades de Sonora. Aunque Carranza le ofrece un gran banquete de despedida y acude a la estación de ferrocarril cuando parte en un convoy especial, la verdad es que en esos momentos el prestigio del presidente ha subido tanto que siente que ya no necesita de la fuerza de Obregón, además de que ya era pública la hostilidad entre ambos.

En Sonora espera a Obregón la prosperidad económica, seguramente bajo la generosa sombra oficial sus negocios prosperan grandemente. Convertido en un verdadero empresario del campo, Obregón centra su atención en la tecnología agraria, e incluso él mismo inventa una máquina para recolectar el garbanzo. Sin embargo, su expediente político no está del todo cerrado, pues viaja a los Estados Unidos y se entrevista con el presidente Wilson. Esos años transcurren en completa paz para quien se había convertido en un ex combatiente y próspero agricultor; pero aparentemente, en esos años, Obregón sufrió un notable deterioro.

Cuando visita Yucatán, durante la gira electoral de 1920, una persona que lo había dejado de ver durante los años de su retiro señala lo siguiente:

Una observación que, por cierto, nos ha hecho cavilar, se nos ocurre; ¿por qué en el breve lapso de los últimos seis años el tiempo ha hecho en su persona los estragos de veinte? A todos los que lo conocimos antes nos ha llamado la atención tan notable cambio. A esta transformación ha debido corresponder la del espíritu.

No hay datos fidedignos que apoyen la hipótesis de que Obregón estuvo enfermo durante aquellos años en que se dedicó a la vida privada. Fuera de la tendencia a padecer de la garganta, que ya lo había molestado durante sus campañas militares, la primera noticia que existe de una enfermedad seria se refiere a un padecimiento cardiaco, antes del levantamiento delahuertista. Después de su muerte, no se hizo autopsia, y no existen datos que pudieran hacer suponer que estuviera seriamente enfermo. En realidad, como señaló el observador yucateco, la verdadera transformación la había sufrido Obregón en el espíritu, en su visión del conflicto político que vivía el país y en ciertos aspectos de las soluciones a las que se adhiere. Por un proceso común en los grandes cambios políticos, la lucha revolucionaria de México se acercaba a una fase de choques internos en los que habrán de perder la vida muchos de los principales dirigentes. Las campañas contra Huerta habían sido, en su principio, jornadas cívicas en las que el entusiasmo se alternaba con los grandes ideales. Unos días después del asesinato de Madero, Obregón dijo en un manifiesto: *Lancémonos pues a la lucha armada, porque la lucha del Derecho no puede llevarse a la práctica, porque el Derecho ha sido asesinado; y disputémosles a esos pulpos todos los ensangrentados jirones de nuestra Constitución. Arranquémosles todos los tentáculos de un golpe, pero con la dignidad del patriota, siempre a la altura de nuestra causa; no descendamos al bajo nivel en el que ellos se encuentran, cometiendo asesinatos. El respeto al vencido es la dignidad de la victoria.*

En una carta abierta, el general Francisco Murguía,

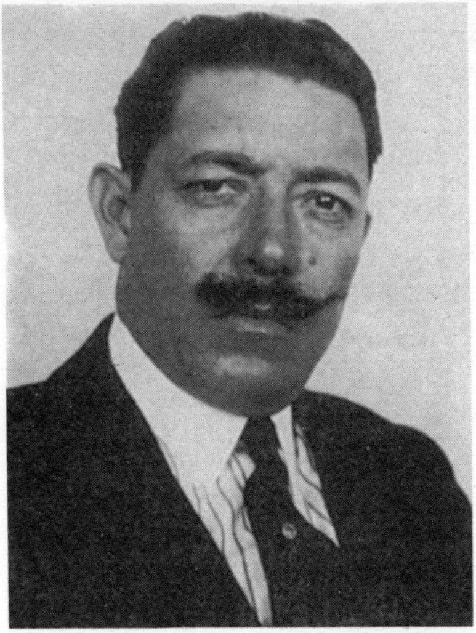

El general Arnulfo Gómez, candidato a la presidencia por el Partido Nacional Antirreeleccionista.

menciona a 46 generales revolucionarios muertos luchando contra Obregón, ente ellos Lucio Blanco. Ya para entonces había caído Carranza; y poco tiempo después, con motivo de la rebelión delahuertista, morirían muchos de los revolucionarios más afines a Obregón: Maycotte, que le había salvado la vida dos veces, Alvarado, Diéguez, Buelna, y otros más. Apenas unos años después ruedan las cabezas de los más íntimos y cercanos compañeros de armas: Serrano, que también le había salvado la vida y Gómez, que junto con Benjamín Hill, en 1920, abrió la brecha contra Carranza.

En realidad, las leyes de la guerra se impusieron muy pronto, ante las brutalidades de las tropas huertistas, el Primer Jefe se ve obligado a revivir, el 14 de mayo de 1913, la ley de Juárez de 25 de enero de 1862, que permite fusilar sin formación de causa al enemigo que caiga prisionero combatiendo. En cambio, debe reconocerse que, aun en medio de crisis violentas fue respetuoso de las vidas civiles.

En los dos años que Obregón pasa en Sonora se consolida el régimen de Carranza y el Partido Liberal Constitucionalista, de prosapia obregonista, pasa a ser un grupo minoritario fuertemente combatido por el gobierno, el cual inspira la creación del Partido Nacionalista y del Cooperativista, que le sirven de instrumentos electorales. Sin embargo, en el ambiente se nota una gran tensión política; el problema más importante sigue sin resolverse siquiera en parte, y se trata de la cuestión agraria. Se ha destruido el porfirismo, y con él se ha desmantelado el sistema político y social que apoyaba y expresaba al sistema económico basado en la gran hacienda y en la explotación de las minas y otras riquezas naturales, principalmente por el capital extranjero. Pero el país demanda un verdadero cambio, sobre todo en lo relativo a la reforma agraria y la industrialización. El 10 de abril de 1919 muere Zapata, sin ver sus ideales realizados.

5

Los tortuosos caminos del poder

Cuando Venustiano Carranza tenía apenas dieciocho meses de ser presidente de la república, recibió en su despacho al periodista RIP-RIP, el 24 de noviembre de 1918, y en la entrevista surgió, como por casualidad, el tema de la sucesión presidencial. Dos cosas quedaron en claro de las palabras de don Venustiano, primero, que éste no intentaría hacer a un lado la Constitución para reelegirse, y segundo, que el gobierno trataría de aplazar lo más posible la agitación electoral y que obtendría así, como era fácil comprender, una considerable ventaja sobre los elementos políticos opuestos o independientes, lo cual le permitiría tal vez llevar al poder a la persona seleccionada por los círculos oficiales, bajo la influencia decisiva del propio señor Carranza y el grupo que lo había rodeado durante la lucha militar era ya un hecho a principios de 1919. En las sesiones que la Convención realizó en México había surgido el problema de los "civiles" y los "militares", mostrando una franca división entre las fuerzas que apoyaban al Primer Jefe. Aunque favoreció a muchos militares, Carranza gobernó, de hecho, con políticos civiles, que fueron los que trazaron las líneas directrices de su régimen. Y como el programa revolucionario estaba muy lejos de haberse cumplido, era fundado pensar que la prolongación de ese grupo en el poder produciría un nuevo porfirismo, mediante el cual los preceptos avanzados que se incrustaron en la Constitución bajo la presión popular, se volverían para siempre inoperantes, convertidos, como la Constitución de 1857 durante el porfirismo, en letra muerta sin validez real.

La actitud de la administración carrancista frente al problema electoral se vio con mayor claridad a través del manifiesto lanzado por el Presidente con fecha 15 de enero de 1919. Esencialmente, el Primer Jefe llamó a todos los elementos que habían militado en el Constitucionalismo a unirse alrededor del gobierno, comparando la situación del país con la que tocó sortear a Juárez en 1860, o sea en vísperas de la Intervención Francesa. El enemigo de la Constitución de 1917, dijo don Venustiano en su manifiesto, no está vencido; por lo tanto, aún no es saludable ni conveniente una división de los elementos revolucionarios, lo que se causaría sin remedio por la adquisición de compromisos políticos con los posibles candidatos presidenciales. Unos días después, en una carta publicada en la prensa, el licenciado Cabrera dejó ver aún más claramente hacia dónde se encaminaba el régimen. En efecto, con su habitual ingenio, Cabrera señaló que el señor Carranza tenía compromisos amistosos con los militares que lo acompañaron en la lucha contra Huerta, y que tales compromisos constituían un "lastre político" que le impedía resolver el problema de la sucesión con libertad. Se vio claro que nada podía evitar ya el choque entre don Venustiano y Obregón. Este último contestó a Cabrera bajo un seudónimo, también a través de la prensa, diciendo: *El señor presidente hizo sus sonadas declaraciones a RIP RIP, para provocar la iniciación del movimiento político y saber en qué sentido se iniciaba éste. El movimiento se inició a raíz de aquellas declaraciones; pero el oleaje de la opinión pública empezó a favorecer naves poco apropiadas para transbordar a ellas el "lastre político" del señor presidente, y el movimiento fue condenado por él como prematuro e inconveniente, por medio de su manifiesto.*

El efecto inmediato del largo documento que a su vez

publicó el general Obregón, en el cual aceptaba su candidatura, tuvo el efecto de distanciarlo definitivamente del gobierno y de don Venustiano. En el documento figuran repetidas acusaciones al régimen y señalamientos sobre la falta de honestidad de los funcionarios civiles y militares, lo que seguramente molestó mucho al Primer Jefe y al grupo que lo rodeaba. Además, Obregón sostuvo en esa ocasión que estaban aún pendientes de realizarse los principales puntos de vista del programa político del movimiento constitucionalista.

La historia mexicana del siglo XIX apoya ampliamente la afirmación de Obregón en el sentido de que el partido liberal, una vez obtenido el triunfo militar en varias ocasiones, no realizó sus propósitos de renovación y transformación nacional, más que por la resistencia opuesta por el partido conservador, por la creciente penetración en sus propias filas de elementos opuestos a sus metas, quienes usaron el poder para frenar los intentos de llevarlas a la práctica. De hecho, en este planteamiento había una formidable acusación contra don Venustiano, en cuyo periodo de gobierno se promovieron algunas de las reformas regresivas a la Constitución de 1917. Por otro lado, viéndose obligado a luchar políticamente contra el gobierno, Obregón percibió de bulto, por así decirlo, los efectos negativos, que entonces apuntaban apenas, de un proceso que más tarde se desarrollaría vigorosamente, nos referimos a la intervención oficial encaminada a asegurar el triunfo de los candidatos apoyados por el régimen. Más adelante, en el curso de la campaña, el candidato volvió sobre el tema muchas veces, abordándolo con franqueza y claridad. La repetición de esos procedimientos, dijo Obregón, producirá la apatía pública e impedirá que los funcionarios de elección popular permanezcan leales a sus compromisos políticos con el pueblo. Como una medida de emergencia, en esa ocasión sugirió el sonorense a sus partidarios que se agruparan en clubes locales a la manera de Madero y de la lucha antireeleccionista.

Algunos aspectos del manifiesto de Obregón, sin embargo, acusaban cierta debilidad sobre cuestiones fundamentales de la lucha que había venido sosteniendo el movimiento constitucionalista. Se hacía un llamado, sin restricciones, para que los inversionistas extranjeros acudieran a desarrollar las riquezas naturales del país. Esto tenía que sonar agradablemente a los oídos de las compañías petroleras, que de hecho controlaban una extensa región sobre el Golfo de México. Significativamente, al entrar Obregón a México, después de la salida de Carranza, lo acompañó por las calles de la ciudad el general Peláez, cuyas ligas con las compañías petroleras no eran un secreto para nadie. Del mismo modo, en esta ocasión, Obregón se abstuvo de tomar una posición que lo comprometiera a repartir las extensas propiedades agrarias que, por lo menos de derecho, seguían en pie. Aunque mencionó la legislación de trabajo que estaba aún pendiente de formularse, el sonorense dio a sus declaraciones un tono que halagaba a los parrones y a la prensa conservadora. En un editorial de *Excélsior*, del 9 de junio de 1919, se dice: *Otro punto de orientación general muy digno de tomarse en cuenta es que el señor general Obregón se refugia en las ideas directrices del Partido Liberal. No aparece ya con ninguna de las perturbaciones jacobinas que se le achacaban. Ya no descubrimos en él tendencias socialistas de aquellas que, en tiempo, ponían espanto en la mente de las personas que conjeturaban que algún día se pondría en camino de la Primera Magistratura No, por lo contrario, en el manifiesto no hay una sola salida de tono. Se habla ahí de dar facilidades y seguridades al capital; se discurre en pro del reconocimiento de los derechos legítimamente adquiridos por éste en nuestro país; declarándose la conveniencia de velar porque todos los extranjeros residentes en México disfruten de las garantías y prerrogativas que nuestras leyes les conceden.*

Cabrera aprovechó hábilmente estas debilidades del

manifiesto lanzado por Obregón y discutió con amplitud en la prensa la situación política que guardaba el país, haciendo notar que las dos grandes tendencias existentes se agrupaban según su actitud ante la Constitución de 1917, y manifestando el convencimiento de que el partido conservador no estaba en condiciones de presentar un candidato importante en las elecciones que se avecinaban. Por lo tanto, concluía con agudeza: *El partido conservador no podrá reorganizarse como el único y gran partido en vísperas de una campaña electoral. Tiene que dividirse. Todo partido triunfante, cuando ha perdido de vista a su enemigo, tiende indudablemente a subdividirse, y necesariamente debe subdividirse.* A continuación señalaba que los problemas más importantes del momento eran en México "el problema de la pacificación, el problema económico y el problema internacional...", por ello, concluía, *al tratar la cuestión militar, el Partido Reformador se dividiría en civilista y militarista; tratándose de la cuestión económica, el país se dividiría en socialista y capitalista; sobre la cuestión internacional, el país se dividiría en nacionalista o internacionalista.*

En forma semejante, Luis Manuel Rojas escribía en *El Universal*, el 11 de julio: *Las cuestiones de mayor interés político y social que se ventilan hoy por hoy entre nosotros, giran alrededor de los grandes problemas que entrañan el Municipio Libre y el desenvolvimiento de la autonomía municipal, los ejidos y otros temas agrarios, el sistema mejor y más equitativo de impuestos, la cuestión del petróleo y aprovechamiento de los recursos naturales, los conflictos entre el capital y el trabajo, la libertad de enseñanza y redacción del artículo 3° constitucional o las reformas republicanas a la institución del ejército.*

Estos ofrecimientos, además de ser en parte contradictorios, llegaban ya muy tarde; el régimen de Carranza había pasado tres años sin mover un dedo para llevar a la práctica los aspectos positivos de este programa, ya no era tiempo para que la nación considerara viable su realización por el grupo que rodeaba al Primer Jefe en el gobierno. No obstante, debe tomarse en cuenta que en aquellos días, aun en los espíritus mejor orientados, subsistía una considerable confusión sobre las metas que podía llevar a cabo el movimiento constitucionalista en el poder. Salvador Alvarado, alarmado ante las indudables señales de que se aproximaba un nuevo conflicto violento, dirigió a mediados de agosto una carta a Carranza, Obregón y González, una especie de resumen de su libro *La reconstrucción de México* donde planteaba serias dudas sobre la posibilidad de avanzar rápidamente en el proceso de transformación social del país. *La cuestión agraria, lejos de resolverse en favor del humilde, como la revolución ofreció, sólo ha traído una serie de conflictos con los propietarios por la defectuosa forma que hemos empleado al tratar este espinoso y fundamental problema. Si mañana un "úkase" revolucionario decretara el reparto violento de todas las grandes propiedades, se produciría un tremendo desequilibrio en la vida nacional, sin beneficio de ninguna especie para los agraciados. Algo semejante es lo que hasta ahora se ha realizado...*

Incluso sobre la cuestión del petróleo, distaba mucho de existir claridad respecto a lo que era indispensable lograr; si nuestro país había de alcanzar una verdadera independencia económica y un desarrollo industrial considerable.

Como consecuencia de una serie de choques de los diputados y senadores obregonistas con la administración de Carranza, principalmente con el Secretario de Gobernación y con el Gobernador del Distrito Federal, las cámaras fueron deslizándose poco a poco hacia una virtual oposición contra el gobierno. En todo el país crecía el número de descontentos, a medida que se gestaba la tormenta política y militar que daría al traste con el régimen del señor Carranza. En el seno del Congreso se habían criticado ya acerbamente ciertos aspectos de la Constitución, en particular el predominio que sus disposiciones confieren al presidente, más acusado aun que en la Constitución anterior. Al presentar su proyecto de reformas constitucionales en esta materia, Obregón capitalizó con habilidad esta tendencia crítica de las facultades presidenciales, que en buena medida tenía su origen en las difíciles relaciones del Congreso con el Presidente, pero que, hasta cierto punto, se apoyaba en la observación de los primeros síntomas de la gigantesca centralización y concentración del poder que ocurrió las décadas siguientes.

Es claro que la división de poderes, trasplantada en forma un tanto artificial en México independiente, no tenía en 1919 una realidad profunda, como no la siguió teniendo muchos años después. El gobierno, bajo la orientación decisiva del Presidente, nombraba las autoridades municipales, los diputados y senadores, los gobernadores de los Estados, los jueces y magistrados, en suma, a todos los funcionarios públicos. Pero era una exageración indudable, y un apego formal a ciertas doctrinas generales poco asimiladas por el país, el culpar de esta situación a la Constitución de 1917. Ninguna ley o conjunto de leyes podía cambiar de la noche a la mañana la vida política nacional, tan precaria, ni dar vigor a instituciones y procedimientos que vivían un desarrollo raquítico en un medio que no les era favorable. El propio Obregón, aunque de momento no lo dejara ver, lo comprendía sin duda muy bien, como lo demostró después su gestión presidencial, durante la cual continuó viento en popa la absorción central de las funciones administrativas y el poder del presidente fue haciéndose cada vez más grande, hasta chocar con todas las corrientes rebeldes o independientes y destruirlas en la última contienda militar importante de la revolución mexicana.

Cabrera comentó la sugestión de Obregón, dirigida al comité de Programa del Partido Liberal Constitucionalista, días después, calificándola como "uno de los errores más grandes que pueden proponerse en materia de política constitucional". Aunque nunca desarrolló su opinión sobre el tema, como lo había ofrecido en la prensa, el abogado poblano dejó filtrarse hasta el público el siguiente comentario: *En la época de don Porfirio, la Cámara estaba en otras condiciones y el Ejecutivo sabía a qué atenerse respecto a los señores representantes del pueblo y los tenía bien controlados; pero ahora es distinto con la reforma constitucional propuesta por el general Obregón. El Presidente de la República quedaría a merced del Poder Legislativo.*

Con su declaración. Cabrera sitúa el problema en su justo lugar: como un asunto fundamentalmente político, aunque hubiera surgido con el carácter de una cuestión jurídica.

En efecto, cada una de las reformas que Obregón sugería al Partido Liberal Constitucionalista había tenido su origen en un aspecto concreto de la sorda lucha que libraban los partidarios del sonorense contra el régimen del Primer Jefe. Un grupo de diputados y senadores había sido detenido momentáneamente, cuando defendía a los manifestantes obregonistas que desfilaban por las calles; la mayoría de que había gozado el PLC, por otro lado, se había convertido en una precaria minoría, como resultado de la fuerte presión oficial durante las elecciones que dieron origen a la XXVIII Legislatura; el gobierno había apoyado también decisivamente a los candidatos locales que simpatizaban con él o buscaban su apoyo; los recursos del gobierno, sin duda, habían animado la formación de grupos políticos que aparecieron de repente; el decreto votado por el Congreso, por el cual se aumentaban las dietas de sus miembros, quedó sin promulgar por el ejecutivo. La férrea voluntad de don Venustiano ejercía el poder, con ecuanimidad y sin violencias innecesarias, toleraba la expresión de los puntos de vista políticos hostiles a su gobierno y respetaba hasta cierto punto a la prensa independiente, pero no cedía en aquellos asuntos que consideraba fundamentales o en los que estaba convencido de que tenía la razón de su parte. El tono de las declaraciones de Cabrera permite que nos hagamos la pregunta de si él se daba cuenta ya en esos momentos de que el régimen se estaba desmoronando y de que otro caudillo se acercaba al poder a pasos agigantados.

Desde un punto de vista de más fondo, si se examinan los antecedentes históricos y el valor que puede concederse a una serie de ficciones jurídicas que sólo gozaban de una vida precaria en nuestro país, es inevitable reconocer también que la cuestión abordada por Obregón era más política que jurídica. Presentar el sistema constitucional mexicano, el real no el abstracto de los textos legales, como un gobierno republicano, representativo y democrático emanado de la voluntad popular que es el origen de todo poder público, y apoyado en la división de poderes, absoluta y perfecta, que asigna a cada uno de ellos las funciones que lógica y naturalmente les corresponden, equivalía a alejarse completamente de la realidad nacional. No puede decirse que fuera errónea la posición adoptada por Obregón, francamente crítica del excesivo poder del presidente, ya que la experiencia de los años siguientes fue amarga en cuanto a la polarización de las funciones políticas en manos de éste y produjo un vacío peligroso para la realización del programa enarbolado por el movimiento de 1910 y sus etapas subsecuentes. Pero el problema no era, y por mucho tiempo seguiría no siéndolo, una cuestión de textos constitucionales o que dependiera de hacer respetar los principios jurídicos consagrados en ellos. Cada una de las grandes ideas jurídicas que menciona Obregón tuvo su origen histórico y su desenvolvimiento concreto en una realidad nacional distinta a la de México, en función de procesos sociales profundos y de largo desarrollo, en el que las monarquías lucharon contra otros grupos latifundistas europeos menos prominentes, y en el que las burguesías de las nuevas nacionalidades lucharon contra los reyes y contra los terratenientes, aliándose con unos y con otros y distanciándose después, escribiendo así siglos de historia larga y complicada, hasta terminar con el triunfo más o menos completo de las corrientes burguesas. A nuestro país, los principios políticos derivados de esta lucha llegaron, como los caballos que traía la tropa de Cortés, como la literatura francesa tan en boga en el siglo pasado, como más tarde los automóviles y la aviación, de repente, ya hechos, con carácter de situaciones consumadas que no valía la pena discutir. La asimilación de todo esto ha sido larga, lenta, difícil, llena de peripecias y plagada de retrocesos.

El propio Obregón, como señalamos antes, lo comprendía bien, ya que una vez en el poder, viéndose comprometido por la tajante posición que había adoptado antes de la caída de Carranza, pero poco deseoso de tener dificultades, dio a sus proposiciones de reforma constitucional un curioso tratamiento. Para devolver a la Comisión permanente el derecho de ser ella quien, por lo menos formalmente, acuerde la convocatoria de las cámaras a los periodos extraordinarios, reformó nada menos que seis artículos constitucionales (67, 69, 72, 79, 84 y 89). Los propósitos de la reforma de Obregón, tuvieron una trascendencia política, aunque, por supuesto, no favorecieron la democratización del país.

Por otro lado, Obregón propuso una ley de responsabilidades del presidente que, sin reformar el artículo 108, no podía tener ninguna realidad. En efecto, siendo presidente electo, Obregón propuso que se volviera en cierta forma a la tendencia del artículo 103 de la Constitución de 1857, que permitía que el presidente fuera acusado por los delitos de traición a la patria, violación expresa de la Constitución, ataque a la libertad electoral y delitos graves del orden común. Don Venustiano, como es sabido, en el artículo 108 del proyecto que presentó al Congreso Constituyente, dejó sólo el primero y el último motivos mencionados en la Constitución anterior. Pero, si bien resultaría un tanto curioso que el presidente fuera acusado de traición a la patria, sería inusitado que un conflicto electoral provocara, ni siquiera en la actualidad y no digamos ya en la época de Obregón, que el presidente fuera acusado por el Congreso de haber violado la libertad electoral o cualquier otra disposición constitucional importante. La aplicación de estos artículos es en verdad inconcebible.

La otra reforma llevada a cabo por el presidente Obregón en su periodo de gobierno, que afectó el artículo 73, tenía por objeto ampliar las facultades del gobierno federal en materia educativa. Podemos concluir, por lo tanto, que la defensa de los principios generales en que se apoya nuestra Carta Magna, emprendida al calor de la campaña electoral de 1919-20, en realidad fue solamente un juego de pirotecnia.

6

Hacia la Presidencia

La gira política de Obregón, iniciada a fines de octubre de 1919, polarizó en su apoyo todas las fuerzas descontentas con el gobierno de Venustiano Carranza. El asesinato de Zapata y la muerte del general Ángeles, contribuyeron a distanciar del régimen a sectores muy amplios del movimiento que había combatido a Huerta. Por otro lado, pretextando la necesidad de establecer el imperio de la ley y de reprimir toda actividad anárquica, el gobierno de Carranza se había enemistado también con los elementos obreros que formaron los batallones rojos en la lucha contra Villa. Aun cuando ninguno de los grupos levantados en armas en distintas regiones tenía significación política suficiente para constituir un movimiento nacional, ni contaba con fuerzas materiales para sostenerlo, y no representaban por ello sino problemas locales que cada vez tropezaban con mayores dificultades para abastecerse de armas, el país distaba mucho de haber alcanzado la paz interior que se esperaba después de la promulgación de la Constitución de 1917.

El propio régimen carrancista, durante sus últimos meses, dio amplia publicidad respecto de un estado de tirantez diplomática un tanto artificial con el gobierno norteamericano, el cual, en realidad, desde un principio no vio con buenos ojos la rigidez del Primer Jefe en sus tratos con el país vecino. No obstante, Carranza gozaba del respeto ganado durante la lucha militar; tal vez de no haber intentado la imposición del ingeniero Bonillas, habría podido resolver el problema de la sucesión sin un movimiento militar. La candidatura de Bonillas unificó a Pablo González y a Obregón, o sea, prácticamente a todo el ejército, en contra del régimen de Carranza. El sonorense, por su parte, obtuvo toda la ventaja posible de la errónea solución escogida por don Venustiano.

En sus discursos políticos, como era natural en vista de las circunstancias, Obregón atacó violentamente las medidas electorales del régimen. Es claro que los empleados públicos, fuertemente amenazados para impedir que realizaran actividades políticas, de hecho se veían obligados así a sumarse al eventual candidato de don Venustiano. Si hubiera llegado al poder, el ingeniero Bonillas se habría encontrado obviamente impedido para pensar siquiera en transformaciones sociales profundas, aun en el caso de que esos hubieran sido sus propósitos. Sin embargo, constituye una visión unilateral, falsa por simplista y confusa en cuanto a su visión básica de los mecanismos de la política electoral mexicana en el siglo pasado, la afirmación de Obregón en el sentido de que la causa de la inestabilidad de los gobiernos nacionales debe buscarse en la falta de un origen democrático sancionado por el voto popular. A partir del propio gobierno de Obregón, han resultado fallidos todos los intentos de cambiar por medio de la fuerza el estilo de gobierno del país, especialmente en el tema de las elecciones. La formulación que Obregón dio al problema electoral, irreprochable en principio, no correspondía a la realidad nacional, ni hacía justicia de las situaciones históricas vividas por México durante el siglo XIX. La ficción de un estado democrático, que en un principio no significaba otra cosa sino que el país no quería organizarse como una monarquía, como lo demostraron el fallido intento de Iturbide y el fracaso de la Intervención Francesa, no podía dar origen, por sí sola, a una realidad inmediata en que los supuestos ciudadanos contaran con organización política, con programas definidos y con tradiciones que permitieran seleccionar mediante el voto a los dirigentes del Estado. El gobierno, por sí mismo, tenía que organizar y realizar las elecciones porque no había otra fuerza capaz de hacerlo, ya que los terratenientes y la Iglesia católica repudiaban el camino democrático. Los liberales, que tenían en sus manos un país invertebrado, donde las leyes no correspondían a la realidad política nacional, porque no eran reglas para gobernar, sino que constituían más bien un programa de vagas aspiraciones para el futuro, no contaban con otra alternativa que sostenerlas en principio, aun cuando no las cumplieran en la práctica. El carácter negativo del porfirismo y la tragedia nacional que llegó a constituir, no dependieron sólo de las reelecciones del anciano dictador, sino también de la inmovilidad del grupo político que lo rodeaba, de la gradual penetración de los intereses extranjeros, del acaparamiento de la tierra y del ambiente regresivo que caracterizó a su régimen.

La cautela de Obregón, que no quiso señalar la inoperancia de los preceptos más avanzados de la Constitución bajo el gobierno de Carranza, que quería ganar a toda costa la benevolencia del vecino país del norte, que tenía varias dudas sobre la conveniencia de la reforma agraria en su concepción original, que aspiraba a encaminar al país hacia una próspera economía del tipo de las que había visto con asombro florecer en los Estados Unidos y en Canadá, lo empujaba para señalar, como puntos principales de su lucha contra Venustiano Carranza las cuestiones formales de la democracia representativa. Pero la experiencia de las décadas siguientes demostró hasta la evidencia que el problema capital no residía en esos aspectos. Si tenía alguna duda, el propio Obregón debe haberla visto desvanecerse pronto. La situación política de Oaxaca, por ejemplo, fue enjuiciada por Obregón a la luz de las orientaciones básicas escogidas para guiar su campaña. Manifestándose respetuoso de la soberanía popular, en un Estado que había demostrado tanta sensibilidad a este respecto, que había luchado contra Carranza precisamente con esa bandera.

En los días en que don Venustiano aún no presentaba la candidatura de Bonillas, el general González había conseguido la rendición de uno de los principales levantados en armas que existían en Oaxaca; en abril del año siguiente, bajo el control del gobierno de Carranza se celebraron elecciones con el propósito de dar fin a la situación irregular que había vivido el Estado durante algún tiempo. Sin embargo, en la Sierra de Juárez había un grupo numeroso bajo las armas, comandado por el general Ibarra; este grupo fue precisamente el que ocupó Oaxaca después de la caída de Carranza, y por medio de una junta de notables escogió para gobernador al licenciado Acevedo. El primer acto de gobierno de Acevedo consistió en derogar la Constitución de 1917 y poner nuevamente en vigor la de 57; en esta tendencia tuvo cierta intervención el propio Obregón, de quien se dice que favorecía algo semejante cuando se encontraba bajo la protección de Maycotte, después de su espectacular huída de la ciudad de México, bajo la amenaza del proceso que Carranza le estaba preparando. Algunos de los líderes anticarrancistas de Oaxaca se ostentaban como liberales "puros" y pretendían considerar como un desacato las reformas introducidas al texto constitucional por el Congreso de 1916; pero la verdad era que el Estado de Oaxaca vivía completamente al margen de los inquietudes y propósitos de transformación que animaron al movimiento constitucionalista. En pocas palabras, la revolución no había entrado aun en Oaxaca, y existían poderosos obstáculos para que penetrara. La pobreza de la región era increíble; la influencia del clero predominaba en forma absoluta; la poca política que había estaba en manos de elementos conservadores; los liberales existentes y algunas personas ocupadas en las corrientes modernas del pensamiento político, se encontraban bloqueadas y carecían de rumbo fijo, como no fuera la tendencia a buscarse un puesto burocrático. Como primera providencia, el aparente prurito legalista y democrático de Obregón, al ser puesto en práctica, se tradujo en un gobierno reaccionario, partidario de las estructuras existentes, o incluso de una regresión hacia las formas del pasado. No fue sino hasta que Obregón mandó a García Vigil como gobernador, meses después, y previo el desconocimiento del gobernador Acevedo, cuando empezaron a soplar otros vientos en Oaxaca.

La muerte de Carranza dejó libre el camino para Obregón. A principios de julio volvió a retirarse del mando militar y se refugió por breve tiempo en su hacienda de Sonora. En agosto retomó su campaña electoral, aun cuando prácticamente no tenía contrincante, ya que la candidatura de Robles Domínguez, con un programa conservador, sólo le servía de contraste favorable. En esta época, Obregón se convirtió en el indiscutible caudillo del grupo en el poder; sin embargo, no sólo el presidente interino sino también muchos miembros destacados del gobierno federal, militares con mando de tropas o funcionarios locales conservaban cierta independencia política y manifestaban constantemente puntos de vista contrarios a los defendidos por Obregón. Un acto particularmente agresivo en su contra fue la amnistía que el presidente De la Huerta concedió a Villa, tal vez con la intención de lograr un cierto balance de fuerzas y limitar el predominio de Obregón.

Finalmente, el 5 de septiembre, se efectuaron las elecciones presidenciales, y el 1° de diciembre tomó posesión de la presidencia Álvaro Obregón. Habían transcurrido ocho años y medio desde que el presidente municipal de Huatabambo, con media docena de pistolas y trescientos indígenas armados con arcos y flechas se incorporó al movimiento revolucionario; ahora se encontraba en la cúspide del gobierno, frente a la historia y delante de un poder mucho mayor que el suyo y que no ocultaba sus intenciones predatorias sobre México y su tendencia imperialista.

7

El problema agrario

Las primeras expresiones públicas del general Obregón con respecto al problema agrario se escucharon en la Convención militar reunida en Aguascalientes a fines de 1914. Esta asamblea, donde se desarrolló una importante fase de la lucha entre el señor Carranza y Francisco Villa por obtener el poder, tuvo varias etapas bien definidas. En la primera, antes de trasladarse a Aguascalientes, participaron únicamente los elementos afines al señor Carranza, tanto militares como civiles; en la segunda, celebrada de acuerdo con los compromisos contraídos con el grupo de generales de las divisiones del Noroeste, del Norte y del Noreste, participaron únicamente representantes de generales o gobernadores partidarios del Primer Jefe y de Villa; después de algún tiempo, vinieron a sumarse a esta asamblea representantes del Ejército Liberador del Sur, o sea, de las fuerzas de Emiliano Zapata; por último, cuando el presidente designado por la Convención, el general Eulalio Gutiérrez, encargó a Villa la jefatura de los ejércitos convencionistas, la mayor parte de las fuerzas adictas a Carranza se retiraron, dando comienzo así a la lucha militar de 1915, en la que don Venustiano logró desintegrar los ejércitos de sus enemigos y obtener el control, en algunas regiones inseguro y precario, del territorio nacional.

Fue en la tercera etapa de la Convención, al presentarse

los zapatistas y exponer a la asamblea los principios y propósitos del Plan de Ayala, cuando el tema agrario surgió con toda su amplitud. Las ideas zapatistas obtuvieron ahí un sonado triunfo y los partidarios de Carranza apenas pudieron objetar algunos aspectos de detalle. El Primer Jefe, como es sabido, contestó de hecho el reto planteado por los zapatistas en la Convención, promulgando unas semanas más tarde la Ley del 6 de enero, primera legislación del esfuerzo encaminado a realizar la reforma agraria. Para entonces, como consecuencia del mismo proceso revolucionario, un gran número de latifundistas habían abandonado las haciendas, temerosos de los excesos que acompañaban a una guerra civil. Pero estaba pendiente una verdadera solución del problema agrario; porque, por un lado, era necesario legalizar la posesión de la tierra en manos de los campesinos, ya que una situación inestable y confusa no beneficiaba a nadie y en cambio podía afectar seriamente a la producción agrícola; además, el grueso de las tierras acaparadas por los latifundistas aún no había sido tocado por la reforma, y a medida que se pacificaba el país resultaba más difícil destruir las haciendas sin contar con medios legales para ello; por último, se vislumbraba ya que el Estado tendría, en el México posterior a la revolución, un papel director de enorme trascendencia, tanto para el desarrollo económico como para la transformación social que debía ir aparejada con aquél.

En la Convención de Aguascalientes, Obregón se encontraba en una de las más difíciles situaciones de su vida política. Es evidente que trataba de lograr una solución al conflicto entre Villa y Carranza, que produjera la eliminación de ambos como posibles caudillos; algo semejante ya había surgido de los encuentros con Villa y sus partidarios antes de que se iniciara la asamblea. Sin embargo, Carranza juzgaba ilusoria la idea de que Villa podía retirarse sin asaltar el poder con las armas en la mano, por lo cual creía que Obregón no tenía ninguna posibilidad de éxito en su gestión; a lo sumo, es de creerse que consideraba tales esfuerzos como un empeño útil para impedir que se desbandaran los constitucionalistas tibios hacia las filas de Villa y, eventualmente, para que ciertos elementos de la División del Norte, partidarios de un entendimiento, ganaran fuerza y pudieran desprenderse de Villa. Por esta causa, Obregón fue muy cauteloso en sus intervenciones frente a la asamblea. Más que una discusión general de los problemas del movimiento revolucionario, la reunión representaba a sus ojos una tormenta política a través de la cual había que navegar con grandes precauciones.

No obstante, cuando Paulino Martínez y Soto y Gama electrizaron a la asamblea al plantear con claridad y entusiasmo la lucha zapatista en favor de la reforma agraria, Obregón se levantó dos o tres veces para hacer constar que no estaba en contra del plan de Ayala y que reconocía la trascendencia del problema campesino; pero, ante su sentido práctico, eran muy pocos los resultados reales que podían obtenerse de los largos discursos demagógicos y de los entusiasmos irreflexivos. La naturaleza de las dudas de Obregón al respecto, por otro lado, guardan relación con su frialdad ante las corrientes que dentro del mismo constitucionalismo subrayan la participación de las masas campesinas y los aspectos del movimiento que le daban alcances de revolución social. Maytorena, siempre lleno de rencor contra Obregón, recogió este aspecto de las relaciones entre los jefes carrancistas, citando una fuerte diferencia entre Obregón y Lucio Blanco, en la casa de este último en Ixtlán del Río, donde el sonorense se burló de los "calzonudos" y concluyó afirmando, con su habitual sagacidad: "nosotros seremos los científicos de mañana".

La magnitud y profundidad de las dudas de Obregón en materia agraria se manifestaron claramente en una conferencia que pronunció durante la campaña electoral de 1919. El argumento que esgrimió ante la Cámara de Agricultores de Jalisco encontró en éstos una fácil acogida.

Obregón entró de lleno al problema, señalando que el país necesitaba crear una nueva agricultura, más técnica, más productiva, más moderna; en 1920 podía verse ya claramente que la reforma fracasaría si se limitaba a destruir la hacienda sin edificar algo mejor en su lugar. Las cifras que mencionó sobre los éxitos de algunos nuevos cultivos en los Estados del noroeste, en la actualidad parecieran insignificantes; asimismo, la mención que hizo de los programas de irrigación y de control de las precipitaciones pluviales irregulares o demasiado abundantes, se diría tímida frente a lo que ya se ha hecho en el país. Sin embargo, Obregón parece no darse cuenta de que el campo mexicano estaba en condiciones de obtener esa modernización que lo llevaría a rendimientos semejantes a los de las grandes zonas productivas de Canadá o los Estados Unidos, con una organización social y un sistema de propiedad cuyo contenido democrático podía ser muy variable y en los cuales se realizara el propósito revolucionario. Si hubiera ampliado su consideración a otras regiones, Obregón se habría dado cuenta de que aun en los países capitalistas que gozan de una agricultura moderna y productiva, según ha sido el desarrollo histórico han sido también muy distintas la división de la tierra y el grado de democracia social que impera. Agricultura eficiente la hay, tanto en los extensos latifundios de Texas, como en la zona de cereales del norte de los Estados Unidos, donde la extensión más común de las parcelas apenas excede lo que puede cultivar una familia, claro es que con máquinas modernas y cierta ayuda de trabajo externo. La división de la tierra que produjo la revolución de 89 en Francia, produjo también una de las agriculturas más sólidas del mundo; pero casi simultáneamente, en la zona algodonera del sur de los Estados Unidos, el cultivo de la tierra se llevaba a cabo con esclavos negros, situación social cuyos efectos se prolongan hasta la fecha y constituyen uno de los problemas irresolubles del país vecino.

No puede negarse la razón a Obregón cuando, implícitamente, rechazó la visión hacia atrás, el punto de apoyo en el pasado, con que se interpreta a veces el artículo 27, aprobado en 1917. Sin duda, consideraba como uno de los mayores extravíos de la reforma agraria la pretensión de revivir simplemente la situación existente en la época colonial o en los primeros años de vida independiente del país. Para él, la reforma sólo tiene un propósito real: satisfacer las necesidades inaplazables de tierra que afligían a millones de campesinos, por las vías más prácticas y flexibles. Reconoce que los pueblos no pueden vivir sin ejidos y no podía ignorar que el primer impulso del movimiento campesino lo dio el deseo de obtener la restitución de las tierras comunales de que fueron despojados los pueblos. Pero la pretensión de que las injusticias sociales existentes al venir la revolución podían corregirse restituyendo los derechos atropellados en la Colonia y enmendando los abusos de la época independiente, sin establecer procedimientos concretos para organizar la vida del campesino y la producción de la tierra, tenía que considerarla, por fuerza, como una insensatez. Lo que parece no haber visto, es que podían abrirse también las puertas a una agricultura moderna, pero apoyada en una estructura de propiedad y en una organización social tan injustas como la gran hacienda.

Si el Estado tenía que reorganizar la distribución de la tierra, para esta reorganización de nada servía decir que originalmente había sido propiedad de los reyes españoles; de todos modos había que quitar la tierra a quienes la poseían, fueran o no legales en tal sentido los títulos que amparaban esa propiedad. Por otro lado, la corona española, más que reconocer el derecho de los indígenas, lo que había hecho era fijar a la tierra la masa inmensa de la población arrancada de su asiento por la gran conmoción que representó la conquista y a la cual había que poner a trabajar para sostener el régimen colonial. Al sobrevenir la revolución, resultaban inevitables cambios de semejante magnitud. Lo que se había sostenido en pie como un hecho durante cierto tiempo, tenía que dejar y estaba dejando de serlo; en su lugar surgía una nueva distribución de la tierra y una nueva organización de la producción, más acorde con la época y con sus capacidades técnicas. La hacienda estaba muerta y sólo se discutía la naturaleza del sistema que habría de sustituirla.

En los días en que Obregón recorría el país durante su campaña, se hacían intentos por crear los instrumentos para esa transformación revolucionaria. Claro es que resultaban imperfectos y muchas veces inoperantes; sin embargo, el sonorense no pudo evitar el tomar frente a ellos una actitud y definir una posición. Quienes comprendieron el peligro de que el gobierno guardara una pasividad completa y esperase el desarrollo espontáneo de una solución antiagrarista, insistían en que, de una vez por todas, se legalizaría la posesión de la tierra en manos de los campesinos. Algunos estados contaban con leyes agrarias aparentemente muy radicales; era inevitable que el Congreso electo en 1920 tomara las medidas que don Venustiano había venido posponiendo día tras día y año tras año. En tales circunstancias, Obregón se presentó informalmente en la Cámara de Diputados y realizó un cambio de impresiones con algunos de ellos y con algunos senadores, en el curso del cual desarrolló más ampliamente sus ideas respecto a la cuestión del campo. En la Cámara Agrícola Jaliciense había supeditado el desarrollo de la acción agraria, al desarrollo de una nueva forma de propiedad, dotada de medios modernos de cultivo que le confirieran una productividad mucho más elevada que la obtenida en las grandes propiedades tradicionales. Destruir las haciendas antes de crear este nuevo tipo de propiedad, dice Obregón, no beneficiaría a nadie y perjudicaría a la agricultura nacional. Destruirlas por la violencia, agrega, tampoco sería una solución; *No creo de ninguna manera* —declara categóricamente— *que se deba recurrir al fraccionamiento de propiedades para dotar de ellas a los pequeños agricultores, antes de que se haya logrado el desarrollo evolutivo de la pequeña agricultura.*

En la carta que Obregón dirigió al licenciado Roque Estrada, el 19 de diciembre de 1919, denuncia que los dirigentes revolucionarios *se han apoderado de las mejores haciendas en las regiones donde han operado... Al decir que condeno la violencia, me refiero exclusivamente a los casos en que los jefes militares, con mayor o menor buena intención, pero sin sujetarse a ninguna ley ni a ningún estudio detenido en la materia, han procedido al fraccionamiento de grandes propiedades, siguiéndose a esta irregularidad, una situación falsa para los mismos agraciados y desastrosa para el propietario, a quien no se le ha sujetado previamente a un procedimiento legal. Este problema requiere un estudio muy concienzudo.*

Hasta aquí, Obregón no ha manifestado mucho entusiasmo que digamos por la distribución de las haciendas entre los pueblos que carecen de tierras. En resumen, propone impulsar las técnicas agrícolas, mecanizar los cultivos y diversificarlos, escoger aquellos de mayores rendimientos y que tengan mejores mercados, impulsar el desarrollo de las pequeñas propiedades, en suma, introducir la agricultura moderna, ganando tierras al desierto, a los pantanos tropicales, cultivando las grandes extensiones consideradas hasta entonces como no agrícolas. Es natural que sus ideas provocaran fuertes temores entre los revolucionarios preocupados por la falta de realización de la reforma agraria. Nadie podía negarle la razón al señalar que el simple cambio de manos de las grandes propiedades sólo conduciría a la sustitución de unos latifundistas por otros, y que la cuestión quedaría, a largo plazo, en la misma situación en que se encontraba antes de la revolución. Pero, ¿cómo era posible crear la pequeña propiedad, sin destruir primero los latifundios, en un país donde casi toda la tierra agrícola había sido acaparada por un pequeño grupo de latifundistas? ¿Qué seriedad tenía ofrecer a la población del campo la instrucción elemental que le hacía falta, si al mismo tiempo se le negaba un medio de subsistencia independiente? ¿Si la revolución no fraccionaba los latifundios, se disolverían éstos por sí solos? Estas preguntas flotaban en el ambiente, en vista de las declaraciones del presidente electo, cuando éste se presentó inopinadamente y de manera voluntaria en la Cámara de Diputados, el 27 de octubre de 1920.

En cierta forma, la discusión que tuvo lugar en aquella ocasión reanudó el diálogo de la Convención de Aguascalientes; pero ahora el sonorense no se encuentra ya inhibido por la difícil situación política de aquellos días. Triunfante el Plan de Agua Prieta y electo presidente para el periodo 1920-24, Obregón no tiene enfrente ningún peligro serio y ninguna fuerza política importante amenaza su predominio. La pacificación del país, el sueño no realizado del Primer Jefe, se encuentra casi al alcance de la mano. Sin embargo, el ambiente es tenso y existe considerable expectación cuando el sonorense asciende a la tribuna. A pesar de que se introducen en la discusión otros problemas, de inmediato queda en claro que a Obregón lo que le interesa es impedir la aprobación del proyecto de ley agraria detenido por Venustiano Carranza, que seguía los lineamientos de la ley promulgada por el general Enrique Estrada, gobernador militar de Zacatecas, y que Soto y Gama revivió para resolver la cuestión agraria.

En esta tribuna Obregón, por primera vez, declara su propósito de legalizar la entrega de tierras a manos de los pueblos. Como una cosa evidente, que no admite ni amerita discusión, declara que los habitantes de las pequeñas poblaciones campesinas necesitan contar con bosques, aguas y tierras de cultivo en las inmediaciones. Sin embargo, su declaración viene al final de una larga explicación destinada a poner en ridículo el proyecto de ley apoyado por Soto y Gama, y como el tono mesurado que emplea contrasta con los arrebatos demagógicos del viejo zapatista, es posible que la mayor parte de los oyentes no hayan atribuido un significado especial a estas palabras. Por primera vez va a emprenderse un esfuerzo serio para transformar el régimen de propiedad territorial que se había desarrollado durante el siglo XIX y que el porfiriato pareció consolidar definitivamente. Para Obregón, según se desprende de la discusión mencionada, no ha abandonado todas sus dudas y no olvida su imagen convencional del futuro agrícola del país. En realidad ofrece en esta ocasión un cuadro idealizado de lo que ha visto en los Estados Unidos y Canadá; se muestra totalmente sordo a las posibilidades de transformación social del campo y únicamente alcanza a vislumbrar, para un futuro más bien lejano, la realización en México de lo que el progreso técnico le ha mostrado en otros países. Sólo que ahora se encuentra convencido de que este progreso resulta prácticamente imposible para la mayor parte de los latifundistas, acostumbrados a explotar grandes masas de peones, empleando sistemas primitivos de cultivo, viviendo lejos de sus propiedades y careciendo de toda iniciativa, sobre todo en una época de violencia y desórdenes revolucionarios.

Con objeto de impresionar a sus oyentes, Obregón presentó un argumento vistoso, pero poco profundo: *El día en que se promulgue una ley fijando la superficie máxima que cada uno de los hacendados posea, ese día el gobierno no tendrá siquiera el derecho de cobrar los impuestos ni las contribuciones para toda la superficie de la hacienda, si no se ha creado todavía la pequeña propiedad.*

En 1920, un sector de la opinión apoyaba la idea de fijar una superficie máxima para la propiedad agrícola, con la cual desaparecerían las grandes propiedades de un golpe; además, la ley mencionada proponía que alrededor de toda población campesina se creara una superficie de tierra ejidal de extensión ajustada al número de habitantes. Obregón aprovechó hábilmente esta característica del proyecto citado, con el fin de subrayar la confusión fiscal, el desorden de la producción, la falta de precisión sobre quienes habrían de llevar a cabo las labores agrícolas; es decir, enfocó sus baterías, con mucho sentido práctico, contra la idea de que el proceso económico y técnico que constituye la actividad agrícola moderna pudiera llevarse a cabo sin una organización social paralela que lo sostenga y lo impulse hacia adelante. La idea romántica, pero incompleta, de que todo lo que había que hacer era desintegrar las haciendas repartiendo las tierras entre quienes las quisieran, de lo cual surgiría como por arte de magia, un conjunto de millones de pequeñas parcelas en manos de campesinos redimidos, quedaba así reducida a una aspiración impracticable. Sin embargo, no deja de ser significativo que uno de los principales argumentos fuera el que el gobierno no podía dejar de cobrar los impuestos. Extraño argumento éste, viniendo de un jefe revolucionario que acababa de llegar al poder y se disponía a iniciar la reestructuración del país, después de una lucha en la cual habían muerto más de un millón de compatriotas suyos, en condiciones tales que la inmensa mayoría del resto de los mexicanos aún no había recibido ningún beneficio del proceso revolucionario.

En realidad, entre más tiempo se pospusiera la transformación del régimen de propiedad territorial, mayores serían, por fuerza, los trastornos y los daños que tendría que sufrir el país. Si los sacrificios hechos hasta entonces no se traducían en la destrucción del cultivo del campo por el sistema de la hacienda, volvería a acumularse la violencia y el descontento llegaría de nuevo a ser general, provocando una nueva sacudida social. Si el cardenismo no hubiera caminado por esta senda, la experiencia de otros países ha puesto en claro que a fines de la década pasada, o en los primeros años de la actual, el nuestro se habría visto envuelto en considerables trastornos y dificultades políticas.

El camino que Obregón presentó en 1920 ante los diputados y senadores reunidos para escucharlo, tenía dos implicaciones que en aquellos momentos pasaron casi inadvertidas. Por un lado, no sólo por la evolución política de Obregón y su transformación en un próspero agricultor, sino en un sentido más importante, porque ese camino correspondía a la evolución general de los hombres que habían hecho la revolución y al propio desenvolvimiento de ésta. Podía preverse que en una situación ambigua, en que la hacienda y el peonismo coexistieran con el ejido y la auténtica pequeña propiedad, los nuevos dirigentes políticos obtendrían la posesión de muchas de las mejores tierras, malbaratadas o abandonadas por sus antiguos dueños. Este proceso debería conducir "matemáticamente" —como decía Obregón— a la formación de una nueva clase de propietarios, ausentistas o semiausentistas, que cultivaría la tierra con ayuda de jornaleros y empleados. Y podía preverse también que en estas condiciones la obra constructiva de los propios regímenes revolucionarios sería desvirtuada, convirtiendo las presas y caminos, la organización de los productores y el crédito, en bases primordiales para el crecimiento de una minoría relativamente reducida. Por otro lado, a través de este proceso, los dirigentes políticos se verían de hecho cada vez más solidarizados con los restos del sistema en disolución, lo cual obraría también como un freno para impedir que la reforma fuera llevada hasta sus últimas consecuencias y facilitaría la supervivencia de algunos de los peores aspectos del latifundismo.

No puede negarse que Obregón se equivocó en un aspecto básico del problema, por la imposibilidad de prever diversos factores que influyeron en su desarrollo; entre otros, el crecimiento de la población. Es un hecho que el problema agrario no ha perdido su importancia en nuestro país; lejos de constituir un fenómeno transitorio, como pensó Obregón, sigue siendo hasta la fecha uno de los problemas más importantes de México. Y es que, en lugar de disminuir, el número de habitantes que viven en el campo, a pesar del crecimiento de las ciudades, ha aumentado desmesuradamente, comparado con el tamaño de la población en los días en que Obregón subió a la presidencia.

Las ideas de Obregón sobre el problema del campo tenían una contradicción irresoluble. Por un lado, el sonorense decía: *Demos un pedazo de tierra, aunque sea pequeño, a todo aquel que lo necesite y tenga la voluntad de labrar el campo... tomémoslo de las grandes propiedades que se muestren incapaces para desarrollar una agricultura moderna; y así, mientras vamos destruyendo poco a poco los latifundios, iremos también construyendo la nueva pequeña propiedad.*

Esta idea, cuyo fondo consistía en extender y facilitar el reparto de la tierra, estaba dentro de la línea de desarrollo que transformó el propósito de las restituciones de tierras comunales, añadió después las dotaciones a los poblados sin tierras o con extensiones insuficientes, incluyó más a los núcleos de población más atrasados y menos organizados y, por último, permitió dar tierras a los antiguos peones que habían vivido acasillados dentro de la propiedad del patrón. Sin embargo, expresado tal propósito en una forma vaga y general, estaba tan lejos de permitir la creación de una nueva organización social en el campo como el procedimiento de dividir las haciendas y entregar a unos el casco, a otros el manantial, a otros el bosque, según la imagen humorística trazada por el propio Obregón. Es sabido que hacia la mitad de su gobierno, el sonorense abandonó las promesas de un reparto general e indiscriminado de la tierra.

Por otro lado, Obregón manifiesta una constante preocupación por los trastornos que las afectaciones ejidales puedan ocasionar a la producción del campo. De muchas maneras, se esfuerza por convencer a los hacendados de que la reforma no irá muy lejos, de que se limitará al número de los núcleos de población que puedan solicitar tierras y que sólo se aceptarán aquellas solicitudes que se tramiten a través de las autoridades constituidas. En este aspecto, Obregón se constituyó en vocero y defensor de las corrientes

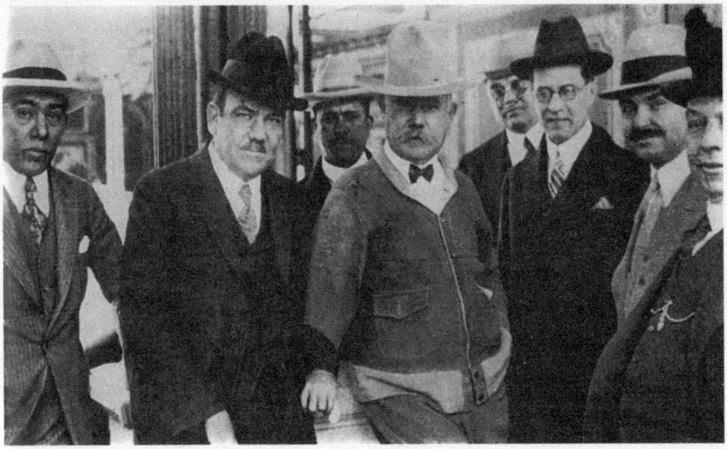

El presidente Calles en compañía de Álvaro Obregón, el encargado de terminar su proyecto político.

que se oponían a la destrucción completa de las haciendas y a la formación de un nuevo sistema de propiedad. Es sabido también que esta tendencia predominó en su política agraria durante la mayor parte de su gobierno y que fue uno de los principales factores que hicieron lento el ritmo de los repartos de tierras durante muchos años.

Al hacer un balance de su labor agrarista, el manifiesto en que lanzó su candidatura a la presidencia por segunda vez, Obregón hizo notar que el ritmo de los repartos de tierras, sin embargo, no sólo dependió de la legislación en vigor y de las facilidades que ésta daba para el trámite de los expedientes agrarios. Los factores políticos influyeron decisivamente, como lo demuestran los resultados de la propia política agraria de Obregón.

En su primer informe de gobierno, Obregón hizo saber que había beneficiado con tierras a 229 pueblos, entregando 142,182 hectáreas por restitución y 435,757 por dotación, para poco menos de 250 mil habitantes. Esto significaba casi el doble de todo lo que se había hecho a partir de la promulgación de la ley del 6 de enero de 1915. Sin embargo, resulta curioso observar la evolución que tuvo la acción agraria del gobierno de Obregón. Un año después informa que sólo se dictaron 92 resoluciones definitivas, y al periodo siguiente, que sólo había ejecutado 77 resoluciones y tenía pendientes de realizar otras 50. La presión de los campesinos seguía incontenible, sin embargo, en su último informe ante el Congreso, al tiempo que el sonorense explicaba detalladamente los incidentes de la revolución delahuertista, anunciaba también que había ejecutado 233 resoluciones, dando posesión definitiva de 311, 938 hectáreas y que además había dado posesión provisional sobre una extensión total de 751,125 hectáreas. De este modo, Obregón sostenía haber ejecutado durante su gobierno cerca de 650 resoluciones definitivas que cubrieron una superficie de un millón ciento setenta hectáreas, y haber dado posesión provisional sobre más de tres millones de hectáreas que beneficiaron, en conjunto a cuatrocientas mil personas.

Podríamos preguntarnos, ¿qué era lo que ocurría? ¿Por qué esos altibajos en la aplicación de la reforma agraria? ¿Por qué Obregón espera hasta el último año de su gobierno, ya bajo la presión de la inminente rebelión de casi medio ejército, para ejecutar la parte más importante de su labor en esta materia? El ritmo de la acción agraria de los gobiernos posrevolucionarios ha sido fijado por el equilibrio entre dos poderosas corrientes: la de los campesinos que exigían las tierras y las de los terratenientes, apoyados por el capital extranjero y las fuerzas conservadoras, que se aferran a sus privilegios. Relatando la visita de Obregón al Estado de Yucatán, escribió un periódico el 10 de septiembre de 1920: *En los momentos en que terminaba el banquete, el comisario municipal de Chuburná, acompañado de 15 o 20 personas de la misma población, pretendió hablar con el general Obregón, lo cual consiguió, pero parece que no quedó conforme. Momentos después se acercó el Alcalde Municipal de Mérida, quien lo mandó detener y conducir a esa ciudad. Por datos que nos proporcionaron varias personas, supimos luego que aquel individuo había dicho a los que lo acompañaban que la estancia del general Obregón en Sodzil tenía como objeto repartir la finca entre los jornaleros de la misma y los vecinos de Chuburná.*

Esta breve anécdota se repetía, con diversas modalidades a todo lo largo de la superficie del país; tal era la esencia del problema de la "pacificación" que había empezado a preocupar mucho en sus últimos años a Carranza.

Pero la resistencia que provocaba la aplicación de la reforma no era menos violenta. Hablando ante el Congreso Nacional Agrarista, decía Obregón el 5 de mayo de 1923: *Seríamos torpes si supusiéramos que una reforma de las trascendencias de la reforma agraria que tiene que desarticular vicios seculares que vinieron engendrando este problema, pudiera producirse sin disloques y sin fricciones, debido a la lógica resistencia que tiene que encontrar en la raigambre que forman los intereses creados... el gobierno emanado de la revolución ha tenido que encontrar lógicamente una resistencia formidable en los grandes intereses materiales interiores y exteriores del país. Ha sido boicoteado políticamente por los grandes intereses de adentro y los grandes intereses de afuera.*

8

Frente al imperio

La política internacional de Venustiano Carranza había estado animada de la convicción de que un país débil, como el nuestro, en sus relaciones con un vecino de inconmensurable potencia, tiene que defender su autonomía y su independencia económica y política, si aspira a desarrollarse como una nación libre y soberana. Aquella política de cautelosa afirmación de la identidad nacional sería uno de los principales retos de Obregón como presidente, pues no podía ignorar los hechos evidentes de nuestra historia y de nuestras relaciones con el vecino del norte. Alguna vez él mismo había dicho: *El derecho internacional ha sido establecido invariablemente por los países más fuertes y su interpretación igualmente ha quedado al cargo de ellos. Es por eso que el derecho internacional ha sido siempre el menos derecho de todos los derechos y nunca ha servido más que para encubrir los grandes atentados que los países fuertes han cometido entre las pequeñas nacionalidades. Muy torpe sería el que llegara a considerarlo como un órgano regulador de la equidad y de la justicia internacionales.*

Como todos los hombres del movimiento revolucionario, Obregón comprendía bien que el problema de México con los Estados Unidos no consistía en el manejo de las relaciones entre dos pueblos como tales, pues entre ellos no había nada que no pudiera ser superado por la simple bue-

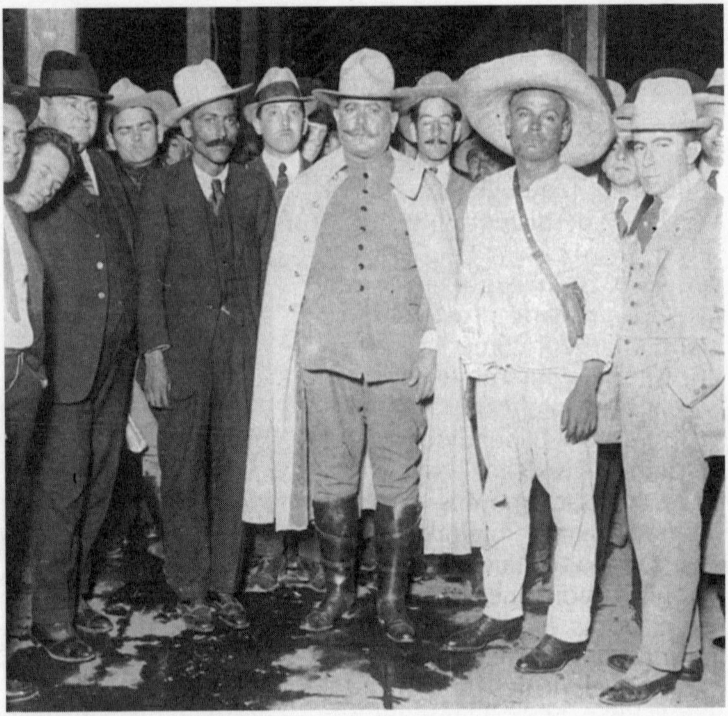

Después de las victorias de Ocotlán y Palo Verde sobre los delahuertistas, el general Obregón regresa a la ciudad de México.

na voluntad. El problema real de las relaciones era con los grupos de poder en los Estados Unidos, estrechamente ligados a intereses económicos de gran envergadura, mismos que habían impulsado a la participación de los Estados Unidos en la Primera Guerra Mundial y que manejaban sus propios intereses por medio de la fuerza militar y diplomática del gobierno americano. Aquellos grupos, que constituían el poder tras el gobierno, simplemente no podían permitir que se desenvolviera libremente el proyecto revolucionario mexicano, pues ello se reflejaría en sus estados financieros como datos negativos, además de que coartarían sus planes financieros a futuro.

Las dos grandes cuestiones concretas que debía atender al gobierno de Obregón eran, por una parte, las grandes extensiones de tierra en poder de extranjeros, latifundios que había que desintegrar para llevar a cabo la reforma agraria, ya que, de persistir ellos, sería inapropiado e injusto repartir solamente las tierras de los latifundistas nacionales. Por otro lado, como lo había señalado desde 1912 el decreto sobre impuestos de Madero, y como Carranza también había enfatizado en su decreto del 7 de enero de 1915 sobre la industria petrolera, era imposible pensar en el desarrollo moderno del país y en la construcción de una base industrial, mientras no se rescatara ese insumo básico de las manos de los monopolios internacionales que se habían apoderado de él durante el porfirismo.

Obregón cometió un terrible error inicial en sus relaciones con los norteamericanos. En el telegrama que envió a un periódico de Chicago el 22 de septiembre, apenas cuatro meses después de la muerte de Carranza, trazó un panorama optimista de las relaciones entre ambos países, basándose en propuestas de buena voluntad, pero fue muy claro al señalar: *...Las riquezas naturales de México, sus fuentes inagotables de materias primas para la industria, en relación íntima con el capital industrial de los Estados Unidos, podrían significar en un próximo futuro, una fuente incalculable que podría abastecer los principales mercados del mundo: y para conseguir esto, estamos ya sobre el camino más propicio.*

En los círculos financieros de los Estados Unidos se entendió perfectamente la debilidad de Obregón y se comenzó una estrategia de relación que habría de culminar con los famosos "Tratados de Bucareli", cuya meta sería el vender a Obregón, lo más caro posible, un reconocimiento que habían dado prácticamente gratis al gobierno de Carranza. De la Huerta había rechazado una proposición de reconocimiento condicional y, por lo tanto, era imposible para el gobierno siguiente firmar un "Tratado de Amistad y Comercio" que obligaría a México a garantizar los derechos adquiridos por extranjeros sobre la tierra y el petróleo nacionales. Pero Obregón, por él mismo, se había puesto en la incómoda posición de quien manifiesta necesitar dicho reconocimiento, y está dispuesto a pagar caro por ello.

En sus declaraciones sobre el reconocimiento norteamericano, el presidente Obregón mordió el anzuelo de creer que efectivamente el problema consistía en que México reconociera los compromisos legales contraídos en el pasado y así reconstruyera se crédito internacional. Desde el viaje que hiciera a Dallas en octubre de 1920, empezó a insistir en ese tema:

> *Nosotros, los de México, somos un pueblo pobre, aunque el país es potencialmente riquísimo. Nosotros no estamos enterrados bajo una carga enorme de deuda, como se encuentran otras naciones después de la guerra europea. La deuda no llega a más de 20 dólares por cabeza, lo cual es ridículamente pequeño, comparado con la de otras naciones... Primero cuidaremos de las obligaciones extranjeras de México. Todavía no sabemos cuánto debemos. Nuevas reclamaciones están viniendo, y reclamaciones antiguas se están rechazando. No pagaremos ninguna cuenta que no debemos; pero trataremos de pagar las cuentas justas tan pronto como podamos. Después de haber satisfecho nuestras necesidades internas tomaremos la deuda extranjera. Lo principal lo pagaremos en completo; con el interés que está vencido haremos lo que hacen los buenos negociantes, trataremos de hacer un compromiso satisfactorio.*

Los norteamericanos permanecieron impasibles ante esta actitud del nuevo gobierno de México, pues la perspicacia de Obregón había fallado radicalmente, la cuestión entre los Estados Unidos y México, en ese momento histórico, no era una cuestión comercial ni diplomática; se trataba fundamentalmente de un asunto político: había que definir hasta dónde estaban dispuestos nuestros vecinos del norte a dejar llegar el movimiento revolucionario que se había colocado en el poder, pero que se encontraba en el camino de la práctica, pudiendo avanzar hacia una seria transformación social y económica que necesariamente afectaría los intereses de personas y empresas norteamericanas.

En su informe ante el Congreso de 1921, Obregón describe la situación política como un contrapunto de actitudes:

> *Actitud del gobierno americano: Abstenerse de reconocer al gobierno actual de México y de reanudar con él sus relaciones diplomáticas, mientras no cuente con las garantías que, en su concepto, son necesarias para la seguridad de los derechos adquiridos legalmente por ciudadanos norteamericanos en nuestro territorio, antes de la Constitución de 1917. El Departamento de Estado de Washington propuso al efecto, desde el 27 de mayo de 1921, el proyecto de un Tratado de Amistad Comercio, con estipulaciones conducentes a tal fin.*
>
> *Actitud del gobierno mexicano: en vez de aceptar un reconocimiento sub-modo o condicional de parte de cualquier gobierno extranjero, por obvias razones de decoro y de conveniencia, eliminar –por el natural desenvolvimiento de su plan político y administrativo– la ocasión de promesas que pudieran humillarlo y seguir por esta vía hasta que se considere el campo suficientemente libre de obstáculos para ser recibido sin menoscabo de la dignidad y la soberanía nacionales y poder después, en igualdad de condiciones, concertar y celebrar cuantos tratados se juzgue necesarios para la mayor cordialidad de las relaciones diplomáticas reanudadas.*

Algún tiempo después de tomar posesión de la presidencia, Obregón cambió su Secretario de Relaciones Exteriores y manifestó confianza en que podría obtener ahora la anhelada reanudación de relaciones normales con los Estados Unidos. Poco a poco, en la correspondencia cursada entre ambos gobiernos, se puso en claro que los Estados Unidos no reinstalarían las relaciones normales mientras el gobierno de México no diera seguridades públicas en el sentido de que la industria petrolera podía seguir indefinidamente en manos de los monopolios internacionales, de que la reforma agraria no sería llevada más lejos y de que en otros tres o cuatro puntos que habían gozado de amplia publicidad, se llevarían a cabo actos públicos para desvirtuar la impresión de que el gobierno mexicano no veía con buenos ojos la intervención del capital extranjero en ramas básicas de la economía nacional, por ejemplo, en los ferrocarriles, cuya situación era ambigua y que de hecho se encontraban incautados.

A fines de 1922, el Secretario de Estado, Hugues, comenta de este modo la situación: *...Parece que el programa político y administrativo del general Obregón no ha alcanzado todavía una acción efectiva tal que pudiera considerarse como sustituta satisfactoria de los compromisos que he deseado para asegurar protección debida a los derechos de los ciudadanos norteamericanos en México... No acierto a comprender por qué las autoridades mexicanas no han tomado esas medidas efectivas.* Poco después, el Encargado de Negocios de los Estados Unidos transmitía esos mismos puntos de vista directamente al gobierno mexicano, convirtiendo con ello el problema del reconocimiento en una forma de presión directa, actuando ya como freno a la reforma agraria y a toda tendencia nacionalista en la economía. Las fuerzas agresivas del exterior, movidas por los grandes monopolios petroleros, encontraron resonancia en los elementos conservadores del propio gobierno de Obregón y manejaban la cuestión de las relaciones diplomáticas con los Estados Unidos como una amenaza para detener el proceso revolucionario.

El 31 de marzo del año siguiente, cuando estaba ya gestándose la crisis política que culminaría en diciembre con la rebelión delahuertista, el Secretario de Relaciones fue autorizado por Obregón para dar respuesta al gobierno norteamericano. En su carta, el canciller de México llega a la conclusión de que las dificultades entre ambos países se reducían a dos cuestiones: la expedición de la Ley Orgánica del artículo 27 constitucional y la indemnización de tierras expropiadas. En relación con el primer punto hizo notar que las ejecutorias de la Suprema Corte en cinco casos de amparo de compañías petroleras, contra la aplicación de los derechos de Carranza, *no podían ser más favorables a las compañías interesadas, ya que, además de quedar debidamente amparadas, se ha definido de modo inequívoco el carácter no retroactivo del artículo 27 de la Constitución, en la parte relativa al petróleo.*

Éste es el punto central de los famosos "Tratados de Bucareli", firmado el 15 de agosto de 1923, y no fue sino hasta entonces que el gobierno de los Estados Unidos reconoció al de Obregón, restableciéndose las relaciones diplomáticas entre ambos países. Desde el punto de vista norteamericano, y de un amplio sector de opinión en México, estos acuerdos representaban una aplastante victoria del Departamento de Estado, de las compañías petroleras que operaban en México, de los terratenientes que se oponían a la reforma agraria y de las fuerzas políticas que desde el interior del gobierno obregonista se oponían a la ejecución de un programa de transformación profunda de las condiciones sociales y económicas de nuestro país. Con estos acuerdos se inició un proceso de estancamiento en el avance de las iniciativas revolucionarias y se estableció como un antecedente funesto en cuanto a la intervención de los diputados norteamericanos en las cuestiones internas de México.

9

Los tratados de Bucareli

Desde el momento en que Obregón llegó a la presidencia, declaró que el artículo 27 no tendría efectos retroactivos, o sea que los extranjeros que habían adquirido derechos sobre el subsuelo antes de 1917 no tropezarían con obstáculos, y que el artículo 27 no se aplicaría sino a los yacimientos que habían pasado inadvertidos en las concesiones acordadas durante el régimen de Díaz. En realidad, muchas de las concesiones dadas antes de 1917, que obtuvieron confirmación de acuerdo con la legislación de 1925, siguieron en vigor después de la expropiación petrolera, en 1938; fue hasta una ley emitida en 1958 donde se dispuso la liquidación final de esta situación, ordenando la caducidad de esas concesiones mediante una compensación adecuada. Debe recordarse que el decreto de 1938 sólo afectó los bienes de un grupo definido de empresas, relacionadas con un conflicto obrero que no había podido resolverse y que llegó hasta la Suprema Corte, pero muchas otras empresas siguieron disfrutando de sus concesiones, al amparo de los Tratados de Bucareli, en donde se echaron las bases para la configuración de la legislación petrolera de 1925 y sus reglamentos posteriores; los puntos de vista de los representantes mexicanos en esas reuniones, aunque no alcanzaran el rango de un tratado internacional y no comprometían formalmente a México, sino en todo caso al circunstancial gobierno de Obregón, contribuyeron también a definir el carácter de esa legislación y por lo tanto el régimen petrolero que se vivió en México hasta al expropiación, en 1938. En este renglón, por lo tanto, debemos buscar los aspectos decisivos de la influencia de Obregón sobre el problema petrolero de México. Aun suponiendo que el artículo 27, dada la situación internacional del país, tuviera que interpretarse con efectos retroactivos, o sea, si México se consideraba obligado a pagar o respetar las inversiones realizadas antes de 1917 para la explotación del petróleo, de esta decisión no se desprende que tuvieran que ser concesionadas todas las superficies petroleras denunciadas con anterioridad, inclusive en aquellos casos en que el dueño no hubiera realizado o permitido realizar trabajos encaminados al descubrimiento o la captura del petróleo. Y esto fue, como es sabido, precisamente lo que se convino en Bucareli. Además, se aceptó que serían considerados como trabajos petroleros una serie de actos simplemente subjetivos, que sólo implicaban la intención de llevar a cabo más adelante actividades petroleras. En el primer caso, se dieron derechos preferenciales a quienes sólo habían celebrado contratos para fines petroleros, es decir, sin realizar trabajos todavía, entre la fecha de promulgación de la Constitución y el 31 de diciembre de 1925. En el segundo caso, aunque el gobierno del presidente Calles trató de limitar su vigencia a cincuenta años, finalmente se dieron concesiones confirmatorias por tiempo ilimitado y sin requerir depósito de garantía, ni la ejecución de trabajos regulares, como se exigía a los demás concesionarios. De este modo, un grupo de personas y de empresas, que en su mayoría no habían efectuado inversiones de consideración, entraron en posesión de derechos petroleros sobre casi siete millones de hectáreas.

Por otro lado, los sistemas establecidos para regular la explotación de nuestra riqueza petrolera tuvieron el carácter de las reglamentaciones que las compañías petroleras establecen en las regiones atrasadas, que es donde prefieren operar. En materia de importación de materiales, de construcción de vías de comunicación y transporte, de participación del Estado en la producción, de reservas nacionales, etc., se concedieron privilegios y facilidades que no se concedían a otras industrias de indudable interés público.

Sin embargo, del análisis de las circunstancias específicas de la época en que Obregón toma el poder, tendríamos que deducir que no hay rezones para pensar que su gobierno hubiera realizado los acuerdos de Bucareli de no estar sujeto a la indudable presión de la crisis política que amenazaba en convertirse en una crisis militar. En honor a la justicia, no se podría afirmar que el presidente Obregón haya promovido esta capitulación frente al gran poder económico que tenía delante; él tardó tres años para decidirse a firmar las condiciones que el gobierno americano había estipulado para concederle el reconocimiento; es obvio que luchó por otras opciones y que sólo ante el peligro de que los Estados Unidos ayudaran a la fracción del ejército que se encontraba a punto de sublevarse, sólo así cedió, y eso después de lograr algunos cambios importantes en los requisitos impuestos. Pero si recordamos que a todo lo largo de este periodo el argumento fundamental de Obregón ante los norteamericanos era la afirmación de que la realización del programa social y político de su gobierno haría innecesaria la firma de un convenio semejante al Tratado de Amistad y Comercio, se pone en evidencia que su objeción básica, más que a los propósitos mismos del tratado, fue al hecho de que le fuera impuesto por el gobierno de los Estados Unidos. En este aspecto, no hay razones válidas para dudar de la sinceridad de Obregón, aún cuando utilizara medios más dudosos que el curso de las negociaciones. En el cuadro general de sus ideas, muy influido por las imágenes de industria y agricultura prósperas que había recibido en sus viajes al extranjero, así como por su propia experiencia cono hacendado al estilo norteño, Obregón tenía que mostrarse inclinado hacia una solución del problema petrolero apoyada fundamentalmente en la iniciativa de los hombres de negocios y de las empresas privadas, así fueran estas simples prolongaciones de grandes consorcios extranjeros; la imagen de un Estado promotor y organizador de la explotación de los recursos naturales del país tenía que parecerle, por fuerza, un propósito inconveniente e irrealizable.

Sin embargo, hay que tomar con reservas la opinión que se le atribuye a Carranza acerca de las ideas agrarias de Obregón: *El artículo 27 no puede ser obra del obregonismo, porque tanto Obregón como la mayoría de los generales y civiles enriquecidos por la Revolución tienen la preocupación de convertirse en terratenientes; y el artículo 27 principia por declarar propiedad del Estado todas las tierras, aguas, minas, etcétera.*

Estos militares y civiles enriquecidos de que habla el Primer Jefe, a quien su acrisolada honradez le permitía expresarse así, han existido en todas las corrientes políticas del movimiento revolucionario mexicano, incluso en las más avanzadas. Sin embargo, es evidente que don Venustiano señaló con sus palabras un aspecto importante que explica las debilidades ideológicas, no sólo de Obregón, sino también de otros muchos revolucionarios mexicanos, en cuestiones fundamentales como el problema agrario y la cuestión petrolera, se encontrarán muchos destacados elementos de la administración pública, como sucedería después con otras riquezas naturales agotables. Pero no es sólo una cuestión de probidad personal; otros dirigentes revolucionarios no se enriquecieron y sin embargo aceptaron los largos periodos de inactividad en materia de reforma agraria, así como las concesiones y retrocesos en materia petrolera, porque no veían otra salida y rechazaban, por considerarla utópica, la pretensión de dar alcances sociales profundos a la transformación revolucionaria.

Venustiano Carranza, cuando se le reprochaba haber castigado a Lucio Blanco por haber llevado a cabo la primera entrega legal de tierras a los campesinos, se defendía diciendo: *El sentido común aconsejaba no alarmar a los terratenientes, industriales y capitalistas, que se hubieran aprestado a la defensa de sus intereses, inquietando a los Estados Unidos, que por no tener un vecino socialista hubieran apoyado a Huerta, costando mucha sangre al pueblo mexicano.*

No obstante, la verdad es que cuando el movimiento constitucionalista hubo triunfado, el señor Carranza no pudo o no quiso orientar la acción del Estado hacia el cumplimiento de las promesas hechas al pueblo durante la lucha militar; la tierra seguía sin repartir entre los campesinos y al final de su gobierno se abría la puerta a las concesiones petroleras. Carranza parecía contentarse con dejar un programa cuya realización pertenecía al futuro.

Obregón, por su parte, ya triunfador y a punto de tomar el poder, decía en un discurso pronunciado en Yucatán:

> *El socialismo es un ideal supremo, que en estos momentos agita a toda la humanidad. El socialismo es un ideal que debemos alentar todos los hombres que subordinamos nuestros intereses personales a los intereses de las colectividades. El socialismo lleva como mira principal tender la mano a los de abajo para buscar un mayor equilibrio entre el capital y el trabajo, para buscar una distribución más equitativa de los bienes con que la naturaleza dota a la humanidad...* Pero inmediatamente después, Obregón entra de lleno en el campo de la paradoja: *Es indudable que la verdadera igualdad, como la anhelaríamos o la anhelamos, no podría realizarse en toda la amplitud del concepto... porque en la lucha por la vida hay hombres más vigorosos, hay hombres más inteligentes, hay hombres más acondicionados, preparados física e intelectualmente mejor que los demás, y esos, es indudable, son los que tendrán que sacar mayores ventajas a sus esfuerzos en la lucha por la vida.* Por este camino argumental, por fuerza tendría que llevar el problema social a un terreno subjetivo, a la expresión de bue-

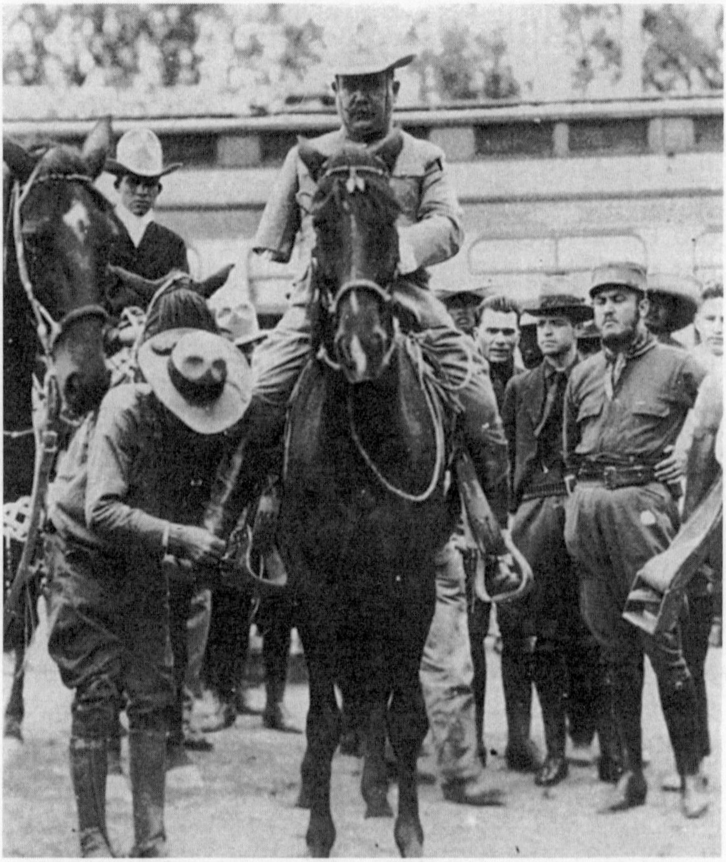

Obregón, al frente de sus leales, sofocó la rebelión acaudillada por De la Huerta en abril de 1924.

nas intenciones morales, pero a la necesidad de plegarse a lo que supuestamente es una realidad objetiva, más allá de toda filosofía de igualdad, lo que se acepta tácitamente como una utopía: *Sí es necesario, y eso sí lo podemos realizar, que los de arriba sientan más cariño por los de abajo; que no los consideren como factores de esfuerzo a su servicio únicamente, sino como cooperadores y colaboradores en la lucha por la vida, para quienes deben mayores consideraciones y mayores atenciones en el pago de sus esfuerzos...* Un año anterior había dicho en Mazatlán: *Nada ganarían los que usan huaraches y sombrero de petate, si quitáramos el sombrero y los zapatos a los que ya los tienen, en nombre de una igualdad que nos haría desandar un siglo en la lenta evolución que hemos tenido.*

Al reflexionar sobre las expresiones anteriores nos podemos formar una idea de lo que Obregón pensaba acerca de la forma en que la Revolución Mexicana podría cumplir al pueblo sus ofrecimientos de justicia social.

10

Un antagonismo insuperable

Si Obregón había vivido su juventud en las zonas sedientas del norte, donde suelos parcialmente ricos daban asiento a una agricultura mezquina por la falta de obras y de técnicas adecuadas, y había contemplado maravillado las ricas zonas agrícolas del extranjero; no pudiendo ocultar, de ahí en adelante, sus deseos de crear algo semejante en las tierras a cuyo cultivo dedicó, sin frutos, sus años de juventud, también su experiencia personal lo había puesto frente a la trágica influencia que el país vecino ejercía, en otro orden, sobre nuestros compatriotas en la zona fronteriza. En efecto, hablando en Mazatlán, el 7 de noviembre de 1919, siendo candidato de la oposición, comentó:

> *Soy testigo presencial, y mi corazón se ha sentido conmovido muchas veces cuando he visto descargar en Nogales furgones enteros de gente, como jaulas de ganado, que los enganchadores vienen a sacar de nuestro país, aprovechando de ese apremio económico en que los tiene la falta de trabajo, y he visto volver a muchos de esos hombres, pocos días después; llegar a la línea internacional pidiendo un plato de comida y un pasaje para volver a su hogar.*

Impresionado todavía por esa visión, unos días antes de tomar el poder envía a las cámaras un proyecto de ley reglamentaria de la fracción XXVI del artículo 123, cuyo considerando único decía: *Que los trabajadores mexicanos no deben ser colocados en condiciones de desigualdad con respecto a los de otros países y que, por lo mismo, la ley debe cuidar que no salgan de nuestro territorio sin firmar contrato previo, que les garantice que sus salarios serán iguales a los de los demás en el lugar de su destino, pues de permitirse que los trabajadores mexicanos reciban en el extranjero un salario inferior que el de los nativos, no sólo se comete una injusticia en contra de sus intereses, sino que se perjudica a los trabajadores del país adonde van, pues se establece así una competencia que perjudica a ambos y que, naturalmente, provoca malquerencia para nuestros connacionales.*

En un principio, junto a esta preocupación por los extremos lastimosos de la desigualdad social, se aprecia en Obregón una fuerte influencia liberal, una tendencia a pensar que la mejor actitud del Estado frente a ese problema es una especie de neutralidad, un cierto desapego que ya parece anacrónico después del triunfo de la revolución y el rechazo de la ideología que sustentara al porfiriato. En el citado discurso de Mazatlán, Obregón dijo:

> *El problema del capital y el trabajo ha preocupado a muchos hombres de Estado. Yo he oído a oradores que dicen que el mejor gobernante sería aquel que se ponga de parte de los trabajadores; a otros he oído decir que el mejor gobernante sería aquel que se apoye en los hombres de negocios. Yo soy de opinión, y a ello encaminaré mis energías, si el voto de mis conciudadanos me lleva al poder, que el mejor gobernante será aquel que encuentre el fiel, que establezca el equilibrio entre los dos factores para que, sobre un plano de equidad, encuentren las ventajas recíprocas que ambos deben obtener.*

Siendo ya presidente, el 5 de diciembre de 1920, en un discurso en una tabacalera, ante obreros y patrones, dice que habrá de procurar que... *la justicia al obrero y al trabajador se haga en su propio taller y en su propia fábrica, sin necesidad siquiera de las autoridades.* Y concluye haciendo votos porque *cada uno de nosotros reconozca como único juez, su deber, que es nuestra conciencia misma, y que la justicia sea impartida de los de arriba a los de abajo, sin el contacto de la ley ni de las autoridades.*

Cinco años más tarde, después de haber dejado atrás su periodo presidencial, Obregón escribió sobre la lucha social de una manera mucho más comprensiva e informada: *Desde las postrimerías del siglo pasado y todo el cuarto de siglo que ya hemos vivido del presente, una nueva concepción de la vida encontró asilo en la imaginación de las clases trabajadoras de todo el mundo y vienen desde entonces formando núcleos para su mutua protección y defensa, con denominaciones diversas, ya sea Sindicatos, Confederaciones, Alianzas, Ligas de Resistencia, etc.*

Aquí reconoce ya le necesidad de que los trabajadores se agrupen para ejercer presión y obtener mejores salarios y condiciones más apropiadas en sus lugares de trabajo; sin embargo esta aceptación no se traduce en una concepción política concreta; aunque acepta la inevitabilidad de los cambios de las estructura social: *Sería torpe suponer que las masas humanas lleguen alguna vez a cansarse de este continuo y noble esfuerzo que vienen desarrollando desde su origen, para buscar un mayor bienestar sobre la base de una mejor organización social.*

En este aspecto, como en otros de las concepciones políticas de Obregón, se observa una considerable evolución, causada sin duda por las experiencias vividas durante los años de presidente. La expresión que se le atribuye, de que es lamentable que no exista una "escuela para presidentes", se llena de sentido en su caso, pues el tormentoso periodo presidencial fue para él un verdadero proceso didáctico; al terminar su mandato, su lenguaje se vuelve más rico, las imágenes son ahora más desarrolladas y sus afirmaciones han perdido ese candor provinciano que tenía en su época de militar. Tal vez por todo ello, por sentir que ya había pasado por la escuela presidencial, piensa en cometer el gran pecado revolucionario de pretender la reelección.

Cuando se lanza nuevamente como candidato en 1927, ya no recurre a los planteamientos puramente formales o abstractos que había manejado en 1919. En esta ocasión, tal vez porque la situación política es distinta, y no le plantea tantos problemas como entonces, las referencias a los problemas nacionales son más directas; no sólo no teme mostrarse como agrarista, sino que subraya que la acción agraria desarrollada bajo su gobierno correspondió a una decisión política, ya que la legislación vigente era sustancialmente la misma que había regido en tiempos de Carranza; entonces se muestra ante la opinión pública como un dirigente revolucionario que la reacción se empeña en obstaculizar y en eliminar, interpretando el movimiento militarista en su contra como un instrumento disfrazado del partido conservador: *Una de las características del Partido Conservador o reaccionario* —declara— *consiste en que siempre se disfraza para entrar en las luchas cívicas, tratando de presentarse como defensor de idealidades que ni practica ni conoce... La reacción olvida que las masas populares nunca se dejan guiar por un hombre enmascarado. La máscara, en política, es mortaja, y nunca tan absurdo el disfraz como ahora.*

La evolución de Obregón en este aspecto refleja directamente la evolución de la política nacional y constituye un esfuerzo por adaptarse al tono adoptado por el gobierno durante la época de Calles.

Sin embargo, en 1927, Obregón comprende lo aparente de los resultados que se obtienen a través del sindicalismo oficial y de la buena conducta dentro de los sistemas establecidos. En efecto, poco antes había escrito: *Este sistema, que ha venido ensayándose en la mayor parte de los países del mundo, no ha correspondido a las aspiraciones que le dieron vida y una especie de círculo vicioso va rigiendo a la producción y al trabajo, pues a mayores emolumentos y menos horas de jornada, mayor costo de vida, y los trabajadores que han logrado en algunas partes ganar hasta tres veces más de los salarios que tenían hace unos cuantos años experimentan las mismas privaciones y las mismas fatigas.*

Las dificultades políticas con Morones y otros dirigentes no fueron seguramente ajenas a esta posición adoptada por Obregón; resulta más que probable que quisiera subrayar las debilidades de los líderes que en forma más o menos velada se oponían a su candidatura. No obstante, señala un hecho evidente que constituye uno de los principales fracasos del movimiento sindical que lucha sólo por los beneficios económicos. Por mucha razones técnicas que se aduzcan en favor del abandono de los metales preciosos y de la generalización del papel moneda, que se consumó en nuestro país poco después de la muerte de Obregón, y por muchos argumentos que se den en relación con las recetas monetarias para evitar las crisis económicas y reanimar el organismo de las sociedades capitalistas, la experiencia de México, como la de muchos otros países indica que a través de la inflación y del aumento constante de los precios, los conquistas laborales, traducidas en términos económicos, redundan a largo plazo en un aumento de la pobreza; lo que el capital cede con una mano acaba por recuperarlo con la otra. El movimiento sindical se va empantanando en una situación cuya sordidez no se alivia con el paso del tiempo.

Obregón sugirió una solución que contenía, en germen, grandes posibilidades y constituye, de hecho, una iniciativa precursora del actual seguro social. Al enviar al Congreso, unos días antes de tomar el poder, un proyecto de ley reglamentaria de las fracciones VI y IX del artículo 123 constitucional, empezó por señalar que estas disposiciones son de muy difícil realización, ya que no es posible determinar en la práctica las utilidades reales de las empresas, así como es impracticable establecer lo que es un salario suficiente para satisfacer las necesidades normales de la vida de un trabajador y su familia, como no sea reduciendo los parámetros a la mera subsistencia. En esencia, Obregón propuso que se formara un fondo con el diez por ciento de los salarios percibidos por todo trabajador, del cual podrían obtenerse recursos, adecuadamente administrados, para garantizar un retiro siquiera mínimo. En el proyecto de Obregón se decía que todo patrono o contratista que emplee trabajo humano debiera pagar sobre los sueldos de los empleados un 10 por ciento adicional, y esa cantidad se acumularía como un fondo para retiro.

Como es natural, en los cálculos crudos que realizó Obregón no se llegaba a un discernimiento objetivo de lo que podría suceder con el capital obtenido por medio del ahorro forzado, considerado a largo plazo y sujeto a la inflación, pues esta clase de fenómenos económicos no se manejaban con la objetividad con que se hace ahora. No obstante, es justo reconocer el mérito de Obregón al haber previsto uno de los renglones en los que el Estado tenía que intervenir para propiciar un mínimo de dignidad de vida para la clase trabajadora.

Obregón concedía mucha importancia al seguro obrero; en un momento de entusiasmo llegó a afirmar que... *el proyecto de ley y de reformas que aquí llamamos seguro obrero, constituye el paso más avanzado y más firme que las clases proletarias hayan dado hasta la presente época en cualquier parte del mundo.* Y lo describía de la siguiente manera: *El seguro obrero estatuye que el capital pagará por adelantado todos los tributos que correspondan para las seguridades que deben existir en materia de trabajo; seguridad por jubilación, seguridad por accidentes, por muerte en el trabajo, etc., y previamente establece el pago de todos esos tributos para que los trabajadores, al reclamar sus derechos, no tengan que recurrir a un juicio, a un litigio contra su patrón, ya que el Estado es el que se encarga de proteger los derechos de los trabajadores y hacer efectivos en una forma administrativa todos los derechos que las mismas leyes establecen a su favor.*

Sin embargo, vale la pena hacer notar que en 1920 no prosperó el proyecto de ley sobre el seguro obrero; aunque Obregón sostuvo después que la oposición del Congreso impidió su aprobación; las realidades políticas de la época hacen pensar que Obregón se encontró con una verdadera barrera para llevar su proyecto a la práctica. En 1928, sin duda, su iniciativa habría tropezado con problemas semejantes y tal vez no se hubiera realizado incluso si él mismo hubiera gobernado por otros seis años, cual era su pretensión.

11

Política exterior

México vivía relativamente aislado en los primeros años del siglo actual y solamente tenía un contacto real y permanente con los Estados Unidos, quien, como es sabido, intervino de diversas maneras en la lucha revolucionaria, y otorgaba o negaba facilidades a la personas y los grupos que se exiliaban y conspiraban contra los gobiernos mexicanos en turno. Obregón, como todos sus contemporáneos, en varias ocasiones expresó su convencimiento sobre los efectos funestos de esta intervención. Sin embargo, como hemos visto, cuando las circunstancias políticas lo empujaron a ello, pactó con el vecino país en condiciones muy desfavorables para nosotros. Durante sus años de militar, antes de participar de modo directo en cuestiones políticas, mostró una franca animadversión en contra de los Estados Unidos y en especial de la forma como se trataba a México en el plano político y diplomático. El Primer Jefe describió de esta manera su llegada a la Secretaría de Guerra:

Un día se me presentó Obregón en Querétaro, presidiendo una comisión de generales de división, a pedirme que librase órdenes para que fueran batidas las fuerzas americanas que, al mando de Pershing, habían penetrado en territorio nacional por Chihuahua. Después de oír sus largas peroratas, mi única contestación fue: General Obregón, queda usted nombrado Ministro de la Guerra, y prepare el ejército para combatir las fuerzas de Pershing. Al día siguiente de ser Ministro de Guerra se me presentó diciéndome que no teníamos más que cuatrocientos mil cartuchos de reserva y que con eso no podíamos ni debíamos intentar batir las fuerzas americanas.

En otra ocasión, don Venustiano expresó: *El general Obregón, mandando un ejército, sería el único general que en ese tiempo pudiera detener a los americanos que quisieran invadir al país y, tal vez, hasta derrotarlos en alguna acción de guerra. Por eso debemos cuidar al general Obregón como caudillo, porque en cualquier momento conseguirá entusiasmar a las multitudes y llevarlas al triunfo.*

No faltaba en Obregón la agudeza bastante par comprender que los problemas entre ambas naciones tenían razones económicas muy profundas; en 1928, años después de los tratados de Bucareli, examinando la influencia del monopolio petrolero que ejercían en México las compañías que conformaban un "trust" internacional, dijo en una reunión de la Cooperativa de Combustibles y Lubricantes, formada dos años antes bajo su patrocinio: *La agricultura, fuente principal de nuestras riquezas y base esencial de nuestra alimentación, ha venido sufriendo las consecuencias de la tiranía petrolera que en combinación con los altos intereses antagónicos al interés nuestro, venía levantando los precios del combustible a una altura tal, que en muchas regiones del país resultaba más barato el trabajo con arados primitivos que la aplicación de la maquinaria moderna. Nuestros puertos del Pacífico no contaban con depósitos de combustible para navegación, y solamente tocaban nuestros puertos los barcos que traían la obligación indeclinable de tocarlos para levantar alguna carga en ellos. Todos los barcos que recorrían el litoral del Pacífico tenían que proveerse en los Estados Unidos.*

A pesar de todo, Obregón afirmó en repetidas ocasiones que nuestro país debiera abrir sus fronteras a la inversión extranjera, principalmente de capitales norteamericanos, lo que contribuiría al desarrollo del país, con lo que, paradójicamente, abría la puerta al enemigo de una manera aparentemente indiscriminada, pues no propone un modelo de reglamento de dichas inversiones o la reserva para los nacionales de ciertas áreas de actividad económica.

Poco después de su reconocimiento por parte de los Estados Unidos, Obregón reanuda las relaciones con la Unión Soviética, y en su siguiente informe frente al Congreso subraya ese hecho, con cierta tendencia a señalar su política exterior como independiente. Cuando un periodista le pidió su opinión acerca del movimiento ruso, lo calificó abiertamente como una de las grandes luchas libertarias de la época y culpó al mundo occidental de las grandes carencias que sufría la URSS. No obstante, durante una polémica que sostuvo con Soto y Gama en la Cámara de Diputados, ante las exageradas afirmaciones y los radicalismos verbales del antiguo zapatista, se mostró frío respecto de la iniciativa de trasladar a México algunos principios revolucionarios vigentes en la Unión Soviética.

A pesar de su provincialismo, Obregón comprendió la naturaleza real del fascismo y se declaró desde un principio opuesto a esa corriente, llegando al grado de rechazar públicamente una condecoración que le había asignado el gobierno de Mussolini en 1924.

Algunos comentaristas de la personalidad de Obregón señalan el contraste entre su gran capacidad militar y su rechazo a la militarización del poder durante su gestión como presidente de la república. El ejército federal había estado tan ligado al sostenimiento de la dictadura porfirista y participó tan abiertamente en el golpe de Estado de Huerta, que su disolución como resultado de los tratados de Teoloyucan dejó como residuo una fuerte animadversión. Obregón, por su parte, externó opiniones contrarias al servicio militar obligatorio, apoyándose en que no correspondía a las necesidades del pueblo y constituía un gasto cuantioso e innecesario. Varias veces señaló también la consecuencias negativas de la Primera Guerra Mundial.

El propio Obregón relata en su libro sobre sus campañas militares como, teniendo conocimiento de que el 26 de marzo de 1913 se había firmado el plan de Guadalupe, salió una comisión desde Sonora para entrevistar al Primer Jefe, la cual llevaba, ente otras encomiendas, la de transmitir una sugestión a Carranza, en el sentido de que se emitiera un decreto para inhabilitar a todos los jefes del movimiento contra Huerta el acceso a los puestos públicos, con el argumento de que las ambiciones de los militares habían sido en el pasado la mayor fuente de las desgracias del país. Sin duda se debió también a Obregón la cláusula de las proposiciones que sometió conjuntamente con Villa a la consideración de don Venustiano, el 3 de septiembre de 1914, donde se estableció que los jefes del nuevo ejército triunfante tendrían que separarse del mando de las fuerzas seis meses antes de las elecciones. En este aspecto, como en otros, Obregón seguía en cierta forma los pasos de Carranza, quien no quiso convertirse en general de división al triunfo de la revolución constitucionalista. Como es sabido, después de su separación del Ministerio de la Guerra, Obregón se retiró a Sonora; igual cosa hizo, por breve tiempo, después de abandonar el mando de las tropas rebeladas contra Carranza, y al dejar la presidencia nuevamente se retiró a sus tierras del norte.

Sin embargo, una vez desaparecido Carranza y derrotada la rebelión delahuertista, a pesar de que había pedido al Congreso que no se le ratificara el grado de general de división, empezó a usar esa denominación en forma regular, inclusive durante sus campañas políticas. No cabe duda que su actitud reiterada, que subordinaba la acción militar a las consideraciones de carácter político y a los propósitos sociales de la lucha, ejerció una fuerte influencia sobre el ejército nacional, acentuada durante los años posteriores a su muerte, que favoreció la neutralidad de los militares, como miembros del ejército, en las contiendas electorales y en las crisis políticas del país.

En otro aspecto de interés se adelantó Obregón a tendencias que habrían de predominar en el gobierno mexicano años después. Durante la campaña de 1928, envió al Congreso una iniciativa para suprimir el Municipio Libre en al ciudad de México y en los pueblos del Distrito Federal. Las gestiones municipales, argumentó para fundar su iniciativa, pueden hacerse a mucho menor costo a través del Poder Ejecutivo Federal; se puede suprimir así, agregó un crecido número de empleados y eliminar la influencia de intereses locales que desmoralizan los servicios. Además sostenía que el desarrollo de las comunicaciones había generado una tendencia hacia la unidad, que hacía innecesario que funcionara en cada uno de los pueblos un Ayuntamiento de elección popular. *Yo puedo asegurar* —decía— *que suprimiéndose el Municipio Libre en la ciudad de México, en cuatro o cinco años todos los habitantes quedarían sorprendidos de las mejoras realizadas en la ciudad.* Es dudoso que por fuerza un sistema democrático de administración local tenga que ser menos eficaz o más inmoral que un control ejercido directamente por el gobierno federal; tampoco puede subestimarse la influencia negativa que ha ejercido sobre el desarrollo de una vida política sana el hecho de que los problemas del centro urbano mayor del país hayan estado durante años sustraídos a la intervención directa y democrática de sus habitantes. Pero resulta más importante observar que Obregón se adelantaba, con su proposición contra el Municipio Libre, a la tendencia general hacia la centralización de funciones públicas en el gobierno federal, que ha llegado a tener caracteres brutales en ciertos aspectos, y cuyo desarrollo ha sido interrumpido durante las últimas décadas. En los días de Obregón, aunque entorpecida, existía una movilidad grande, y tanto en las cuestiones políticas como en los problemas electorales influían, a

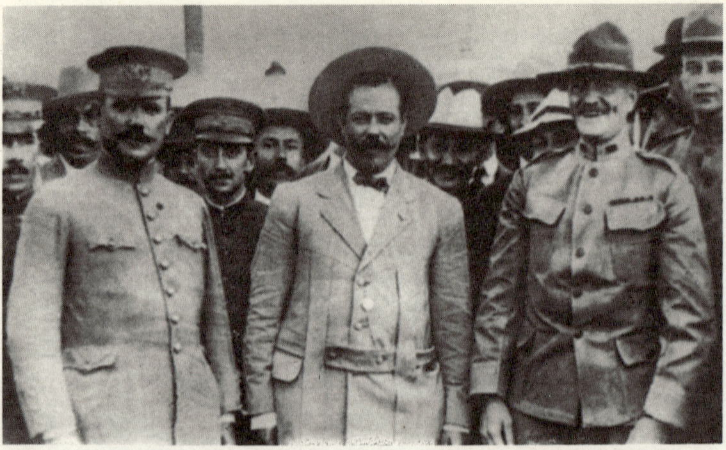

Los generales y dirigentes revolucionarios Álvaro Obregón (izq.) y Francisco Villa (centro) con el general John J. Pershing.

veces decisivamente, los intereses locales. Cabe recordar, a manera de ejemplo que el general Mújica, contra la voluntad de Obregón, pudo alcanzar la gubernatura de Michoacán y se sostuvo cierto tiempo en ella. Hasta logró que la Suprema Corte ordenara su reinstalación en el puesto, cuando era público y notorio que el Ejecutivo Federal no lo avalaba.

Como señalamos en el capítulo anterior, don Venustiano mismo atribuía a la influencia de Obregón los cambios que sufrió su proyecto de Constitución en los artículos 3° y 130. Algo de cierto debe haber habido en el asunto, sobre todo si consideramos las siguientes expresiones de Obregón: *Debería estar mejor reglamentada la educación pública... ¿Cómo queremos que los hombres se vean como iguales, si desde niños les inculcamos ideas de superioridad? Mientras en las escuelas haya niños harapientos al lado de los hijos de los ricos, que van a casa en automóvil, nada podremos lograr. El Estado debería encargarse de la educación de todos los niños y tratar a unos y otros de la misma manera. Deberían todos los niños estar en grandes internados, vestir el mismo traje kaki, estudiar en idénticos libros y comer los mismo platillos. Lo peor que puede suceder a los niños es que los padres dirijan la educación. Los padres casi siempre somos demasiado complacientes. Yo creo en la socialización de la enseñanza primaria. Creo en todo esto, y sin embargo, lo confieso, mis hijos también van siendo tratados con ciertas consideraciones, que mi amor de padre me impide evitar. Pero algún día se hará esto que yo propongo y ya se verán entonces los resultados: el surgimiento de una humanidad mejor.*

Estas palabras, dichas muchos años antes de la reforma socialista al artículo 3°, demuestran claramente, que Obregón, como muchos de los jefes revolucionarios, veían desde entonces, en sus sueños sobre el futuro, la necesidad de hacer esfuerzos para modificar radicalmente las condiciones educativas del país. Es claro por qué fue así: una revolución popular de tan hondas raíces y de tan amplias perspectivas como la nuestra, no podía permanecer insensible ante la deformación lenta, pero inevitable, que sufre el espíritu de las nuevas generaciones en manos de un sistema educativo donde el poder del dinero y de los privilegios sociales se impone poco a poco.

12

La gran tentación

El general Obregón manifestó varias veces que al entregar el poder, el 30 de noviembre de 1924, en manos de su sucesor, había alentado la esperanza de retirarse definitivamente de la política activa. A este propósito lo llamó "la más grande ilusión de mi vida". Sin embargo, cuando regresó por primera vez a la ciudad de México, desde su retiro de Sonora, en marzo de 1926, estaba ya planeada públicamente la cuestión de su reelección en 1928. De hecho, en una amplia reunión de amigos y partidarios suyos, celebrada en su propiedad de Náinari a mediados del mes anterior, se había hablado francamente en su presencia de esa posibilidad. De inmediato, al conocerse en México esos comentarios, varios políticos obregonistas se expresaron calurosamente partidarios de su regreso al poder. En aquellos días, el texto constitucional vigente era todavía el que había sido aprobado en Querétaro, que declaraba categóricamente que el presidente "nunca podría ser reelecto". Este párrafo del artículo 83, así como la fracción VII del artículo 82, fueron esgrimidos, desde luego, como obstáculos legales para la reelección del sonorense. Es claro que todo dependía de que la revuelta contra Carranza y el Plan de Agua Prieta fueran o no considerados "asonada, motín o cuartelazo". Es decir, dependía de una consideración de tipo político, como de otra semejante había dependido —lo que el propio Obregón se encargó de señalar— que se considerase legal que Venustiano Carranza, levantando el Plan de Guadalupe, hubiera llegado al poder y que, siendo encargado del Poder Ejecutivo hubiera resultado presidente por elección popular. Cuando Obregón llegó a la ciudad de México en el viaje que hemos mencionado, ya se había discutido y desechado un proyecto, sin embargo, para modificar los textos constitucionales de tal modo que se hiciera posible, sin duda alguna, su nuevo ascenso al poder.

No obstante, la situación era confusa y peligrosa para Obregón. Este sostenía que "no existía escollo legal para que volviera a figurar como candidato a la presidencia de la república. Se intentó, incluso justificar esa aseveración haciendo una reinterpretación semántica o gramatical del artículo 83, pero el presidente de la Academia Mexicana de la Lengua dictaminó que el texto era claro y unívoco, por lo que no se podía entender algo distinto a la propuesta de "no reelección", lo que, además, había sido el gran lema de la Revolución mexicana. Gramaticalmente, desde luego, el artículo 83 era definitivo, pero, además, existía el antecedente de que en las discusiones sobre el texto, propuesto por Carranza —que fue el que finalmente se aprobó—, la cuestión se había analizado con rapidez y sin ambages, tanto la Comisión Dictaminadora como los oradores que tomaron la palabra estuvieron de acuerdo en que ese artículo significaba precisamente lo que decía la letra, o sea, que quien había sido una vez presidente *nunca* podría volver a ocupar ese puesto. Se presentó, inclusive, una proposición en el sentido de que la palabra *nunca* se sustituyera por un *no*, precisamente para que pudiera interpretarse en el sentido de que una persona en tales condiciones, transcurrido un periodo presidencial después de que hubiera dejado el poder, podría volver a presentarse como candidato. La proposición se desechó porque se hizo notar que dado el caso de que un expresidente tuviera de su parte a las mayorías, estaría a su alcance el recurso de presentar ante el

Congreso una iniciativa que reformara el texto del artículo 83, para permitir la reelección en estas condiciones. De hecho, los argumentos del general Obregón en el sentido de que constitucionalmente podría ser candidato de nuevo fueron objeto de muy seria oposición. Parecía que los antiguos carrancistas y los delahuertistas derrotados podrían unirse en un intento de cerrarle el paso hacia la presidencia. Luis Manuel Rojas se lanzó en la prensa con una irónica declaración, donde afirmaba que los tres hombres de más ascendiente y fuerza en la historia de México independiente habían sido Santa Anna, Díaz y Obregón.

Es cierto que los diputados constituyentes no pretendían dar al texto que estaban aprobando, en esta materia, el carácter de una disposición apoyada en fundamentos jurídicos, sino más bien el de una medida impuesta por consideraciones políticas e históricas, hasta cierto punto transitorias. En las intervenciones de los oradores que participaron en el debate sobre los artículos respectivos, durante el Constituyente, repetidas veces se afirmó que el principio de "no reelección" es antidemocrático, ya que impide a la mayoría seleccionar a ciertas personas, aunque exista una voluntad popular definida de escogerlas. Poco tiempo antes del primer viaje que hizo Obregón a la ciudad de México siendo ya expresidente, se libró un debate entre los licenciados Calero y Martínez Carrillo, precisamente sobre la interpretación que debía darse al artículo 83; por otra parte, un grupo numeroso de diputados constituyentes publicó un manifiesto donde hacía saber que este artículo constitucional había sido aprobado con el fin de impedir que volviera a la presidencia nadie que la hubiera ocupado ya una vez. Entre los firmantes de este manifiesto se encontraban muchos constituyentes que habían secundado el Plan de Agua Prieta y habían apoyado a Obregón durante la rebelión delahuertista. Esto dio origen a una de las espectaculares piruetas políticas de Obregón; en efecto, antes de regresar a Sonora, mediante un cambio de frente súbito, el general se dirigió a la opinión pública anunciando que propondría al Congreso reformas a los artículos 82 y 83 de la Constitución, con el fin de adicionar a los requisitos necesarios para poder ser presidente, el de estar casado con mujer mexicana por nacimiento o hija de padres mexicanos, además de ampliar el palazo previo a la elección en que debían separarse del ejército o de los puestos públicos los candidatos presidenciales y de suprimir el requisito de no haber participado en rebeliones militares; así como prohibir terminantemente que volviera a la presidencia quien ya la hubiera ocupado en ocasión anterior. El argumento central de Obregón fue, esta vez, la necesidad de que se respetaran los preceptos constitucionales y de evitar que el pueblo se acostumbrara a considerarlos como letra muerta, sin valor efectivo. En realidad, quedaba en pie que la Constitución sería reformada, y aunque, de momento, Obregón retiraba los propósitos ya expresados de volver al poder, nadie dudaba de que así lo haría.

En enero del año siguiente, como es sabido, fueron publicadas las reformas a los artículos 82 y 83, quedando eliminada la fracción VII del primero y sustituida por un texto innecesario y redundante. El plazo en que deberían separarse de sus puestos los candidatos fue ampliado a un año, como Obregón lo había sugerido, y se establecía que los expresidentes podrían ser reelectos por una sola vez, siempre que tal cosa no sucediera en el periodo inmediato siguiente al de su primera elección. Sin embargo, pronto pudo verse que don Álvaro no estaba satisfecho con esas reformas, ya que en su manifiesto de junio del propio año, en el cual aceptó su postulación nuevamente, hizo caso omiso del nuevo texto del artículo 83 y siguió refiriéndose al texto de Querétaro como si no hubiera sido reformado. Poco más tarde, se llevó a cabo una nueva reforma del artículo citado, por la cual el periodo presidencial quedó ampliado a seis años, y la restricción antireeleccionista limitada al periodo inmediato siguiente para el presidente en funciones.

Este último punto fue ampliamente discutido por Obregón en su manifiesto, volviendo a su principal argumento del año anterior, o sea, la idea de que el valor político del antireeleccionismo consistía en evitar que los candidatos presidenciales se encontraran en la dispareja situación de que uno de ellos, el presidente en funciones, gozara de la ventaja indudable que le daría en encontrarse en el poder en el momento de celebrarse las elecciones: en apoyo de este punto de vista, Obregón había invocado la situación existente en el Congreso Constituyente, donde, a su juicio, predominaron en ciertos momentos los políticos reaccionarios apoyados por Carranza, quienes, deliberadamente, dieron un texto confuso a ciertos artículos constitucionales para propiciar una interpretación ambigua que pudiera favorecerlos más adelante. El documento de 1927 se esfuerza por destacar la necesidad de que Obregón volviera al poder, con el argumento central de que era la única persona, entre los posibles candidatos, que podría continuar la labor iniciada por De la Huerta, continuada por él mismo y prolongada por Calles. Como ejemplo concreto de las tareas que estos gobiernos habían llevado a cabo parcialmente y que requerían de una continuación. En este aspecto, Obregón mencionó como prioridad la reforma agraria, que hasta entonces sólo había beneficiado a una pequeña parte de la población, repartiendo un poco más de 9 millones de hectáreas.

Algunos autores, tal vez no sin fundamento, pretenden que Calles no estuvo nunca convencido de que fuera conveniente la reelección de Obregón. Otros opinan que en realidad fue Calles el promotor y orientador del proceso electoral de 1928, bien fuera para ganar a Obregón en favor de sus puntos de vista sobre la cuestión petrolera y sobre el conflicto religioso —cosa que de un modo u otro sí logró—, bien fuera por el temor a la capacidad militar del caudillo y a su habilidad para atraerse el apoyo de los grupos revolucionarios y del ejército. El hecho es que en su último infor-

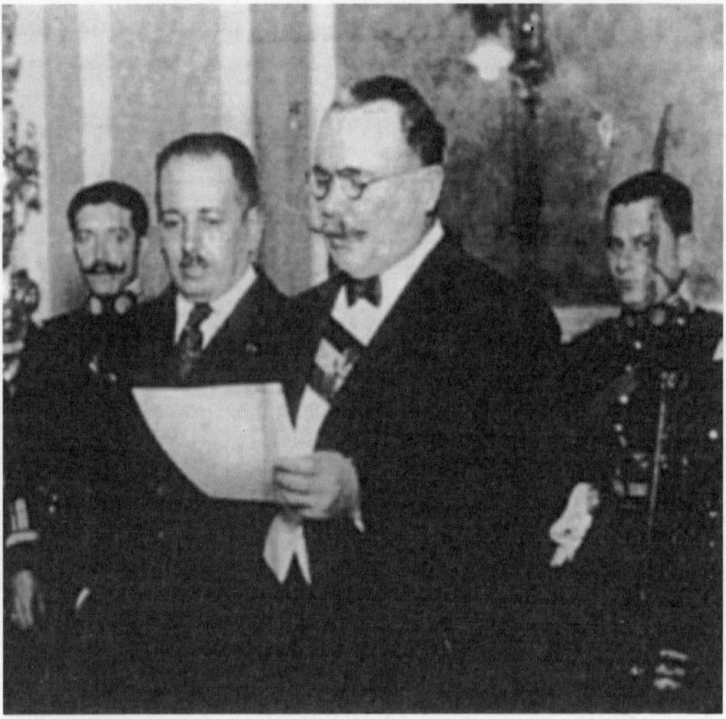

El presidente Obregón vistiendo atuendo presidencial, durante una ceremonia oficial.

me de gobierno, al proclamar la muerte del caudillismo y la necesidad de establecer instituciones estables, indirectamente condenó el intento reeleccionista de Obregón como contrario a las nuevas condiciones surgidas en el país. Además, como es sabido, Calles apoyó la reforma del artículo 83, llevada a cabo en 1933, por medio de la cual se estableció definitivamente la prohibición para que vuelvan al poder los presidentes en nuestro país

Obregón se enfurecía al señalar que esta prohibición limita los derechos políticos de los expresidentes y priva al país de la posibilidad de aprovechar su experiencia y su capacidad; igualmente, subrayaba que este principio no se hacía extensivo a quienes habían ocupado otros puestos de menor significación. La experiencia indica, sin embargo, que la renovación de los presidentes trae como consecuencia inevitable una renovación constante de todas las filas políticas, y en particular de los funcionarios de elección popular. De hecho, la situación existente ha permitido conservar la flexibilidad del grupo en el poder y ha obrado como un factor limitante sobre el poder económico y político que se acumula en manos de quienes llegan a los más altos puestos de la administración pública. En tal sentido, la historia ha pronunciado ya su fallo en contra del camino que Obregón se trazó en la campaña política de 1928.

13

El problema religioso

En su breve carrera política, Obregón tuvo varias veces dificultades y problemas con la Iglesia católica y sus ministros. En realidad, el asesinato que León Toral llevó a cabo el 17 de julio de 1928, no fue sino el último incidente de una serie que se inició poco después de que la división del noroeste emprendiera su marcha hacia la ciudad de México con la finalidad de derrocar al régimen de Huerta. En efecto, según refiere el propio Obregón en su libro sobre las campañas militares, al llegar a Tepic, el 19 de mayo de 1914, se encontró con que los elementos de la Iglesia, bajo la dirección de un obispo, venían publicando dos periódicos en defensa de Huerta, desde cuyas columnas atacaban violentamente a la revolución constitucionalista y a sus principales dirigentes. Con este motivo, fue condenado a ocho años de prisión el principal responsable. Debe tenerse en cuenta que se estaba librando una enconadísima lucha armada y que la dictadura huertista había asesinado fríamente a Belisario Domínguez, Abraham González, Serapio Rendón y muchos otros simpatizadores del movimiento revolucionario.

El 15 de agosto de 1915, al tiempo que entraba al frente de sus tropas a la ciudad de México, Obregón dirigió a sus habitantes un llamado para que guardaran una actitud correcta frente al ejército constitucionalista, ofreciendo al mismo tiempo darles toda clase de garantías. Por otro lado, publicó también un bando en el que anunciaba que serían fusilados, sin más trámite que la identificación del responsable, quienes fueran sorprendidos alterando el orden, cometiendo atropellos o realizando actos delictivos. Como es sabido, la ciudad había estado ocupada hasta el momento por un contingente de más de 30 mil soldados federales, que salieron de ella al rendirse y la dejaron en manos de los constitucionalistas. México pasó, en los meses siguientes, por una de las más comprometidas situaciones en su historia, ante una amenaza comparable a las creadas por las grandes inundaciones y pestes de los siglos pasados. Los habitantes de la capital, que durante los treinta años del porfirismo habían vivido una situación relativamente cómoda, se encontraron entonces en condiciones verdaderamente difíciles, en un estado de escasez que de hecho no habían vivido, sobre todo antes de que las autoridades pudieran controlar la situación. *Desde que me incorporé a la ciudad de México* —escribió más tarde Obregón—, *había podido notar una hostilidad marcada hacia el Ejército Constitucionalista, por parte del clero, del comercio en grande escala, de la Banca, de los industriales acaudalados y de la mayor parte de los extranjeros... Esa hostilidad, sinceramente creo que, en la mayor parte de los casos, no era hija de sus convicciones y sí de su conveniencia, porque se les resistía suponer que nuestro ejército, siendo tan reducido en número y tan limitado en pertrechos también, fuera capaz de resistir a los ejércitos de Villa y de Zapata... Consideré indispensable tomar medidas tan radicalmente enérgicas que denunciaran mi resolución de pasar por encima de todos los intereses materiales, de todas las influencias y de todas las presiones, en defensa de la dignidad de nuestra causa y de los intereses morales que veníamos representando.*

Enfrentado a la necesidad de evitar que la ciudad padeciera de hambre, la primera disposición que dictó Obregón fue una contribución de medio millón de pesos, misma que debía ser cubierta por el clero, el cual, al decir de Obregón, había ayudado al gobierno de Huerta con varios millones de pesos en metálico. A continuación, impuso a todos los comerciantes que tuvieran almacenados artículos de primera necesidad, la obligación de entregar el 10% de sus existencias, como la contribución del clero, a manos de la "Junta Revolucionaria de Auxilios al Pueblo". Unos días más tarde, el 23 de febrero de 1915, tuvo que decretar Obregón, con carácter extraordinario, una nueva declaración obligatoria sobre capitales e hipotecas, así como la entrega forzosa de impuestos prediales, sobre ingresos y usos de servicios públicos, para lograr que con los recursos del sector pudiente se salvaran las mayorías desamparadas. Estas medidas permitieron aliviar un poco la situación de los habitantes de la capital; pero el clero y cierto número de comerciantes se negaron a aportar la contribución que les correspondía. Con tal motivo, Obregón hizo aprehender a 180 sacerdotes y a un buen número de comerciantes, ordenando que estos últimos realizaran diversos servicios públicos, tales como barrer las calles. Posteriormente, al abandonar al ciudad con rumbo al Bajío, ordenó que los presos que no estuvieran enfermos de gravedad ni tuvieran una edad demasiado avanzada, salieran de la ciudad junto con las tropas constitucionalistas. Mientras las tropas enemigas atacaban varios puntos de la ciudad, los partidarios de los detenidos provocaron disturbios en las calles, con el propósito de obtener la libertad de los presos.

Durante la discusión del proyecto de Constitución presentado por el Primer Jefe en Querétaro, como señalamos en líneas anteriores, se hicieron circular rumores persistentes en el sentido de que Obregón apoyaba la aprobación de textos más enérgicos en cuanto a las artículos 3° y 130. El propio Carranza apoyó después esa versión y atribuyó a la tendencia obregonista las modificaciones que sufriera su proyecto en esa materia. No es extraño, por lo tanto, que Carranza presentara iniciativas ante el Congreso para modificar los citados artículos, con objeto de dar facilidades a los miembros del clero para establecer escuelas primarias y para disponer de ciertos bienes materiales sin las limitaciones constitucionales. Entre otras cosas, don Venustiano propuso eliminar los párrafos que permiten a las legislaturas locales limitar el número de sacerdotes y admitir que oficien solamente sacerdotes mexicanos por nacimiento.

Estos hechos crearon un ambiente hostil a Obregón, sobre todo en las corrientes de opinión afines al catolicismo. Durante la campaña presidencial de 1919, el sonorense tuvo que hacer frente a fuertes críticas de esos sectores, que lo obligaron a expresar varias veces sus puntos de vista sobre la cuestión religiosa; el 20 de enero de 1920, expresó lo siguiente: *Los enemigos de la ley, impotentes para contenernos con el empuje de sus armas, cuando palmo a palmo les disputábamos el terreno que habían conquistado por la violencia, acudieron a la calumnia; y aquí, en León, muchas veces nuestros enemigos, armados, hicieron circular hojas impresas diciendo: "No dejemos entrar a Obregón. Es un hombre que viene combatiendo a la religión. Este hombre va a destruir los templos y va a colgar a los sacerdotes". Y muchas gentes que no conocían los antecedentes del ejército que tuve el honor de comandar, creyeron aquellas calumnias, y fueron a derramar su generosa sangre al lado de aquellos falsarios. Si nosotros combatiéramos algún culto no tendríamos el derecho de llamarnos liberales, porque para ser liberal, en toda la amplitud del concepto, se necesita, ante todo, respetar la libertad de conciencia, la libertad de religión, la libertad política.*

Obregón se muestra como un liberal, ciertamente como un liberal enérgico, pero, al fin y al cabo, como un hombre en cierta forma neutral en materia religiosa. Con gran sorpresa de Miguel Alessio Robles, Obregón aceptó ser padrino de su boda, siendo presidente y cuando ya había quedado atrás lo que hemos visto sobre este aspecto de su pensamiento. En 1921, al celebrarse el centenario de la independencia nacional, Obregón eligió este tema como fondo de su discurso, pronunciado ante un nutrido grupo de representantes diplomáticos de naciones extranjeras. El tono volvió a ser el mismo: las cuestiones materiales y políticas, el destino de la sociedad humana, deben mantenerse desvinculados de los problemas religiosos, para permitir y garantizar el progreso general. En cierta forma, como sucedió a Rousseau y a otros teóricos del Estado laico, la desvinculación del pensamiento religioso no es completa y se mantiene como una ambivalencia filosófica y política. Es obvio que el poder de las monarquías, a pesar del apoyo de la Iglesia, no cimentaban realmente su poder en la voluntad divina, como se había postulado siglos atrás. Pero era igualmente cierto que la república democrática, representativa y federal, no se había constituido por una coincidencia electoral de la voluntad mayoritaria del pueblo, ya que no existían ni organizaciones políticas ni medios materiales para que pudiera realizarse un consenso de esa naturaleza. "¿Cual es la soberanía de un pueblo? ¿Cuál es la autoridad suprema de un pueblo?, se pregunta Obregón a principios de abril de 1920; y responde así:

En las repúblicas libres, cada ciudadano tiene una autoridad dentro de sus derechos, y el conjunto de esas autoridades y de esos derechos individuales conforma la autoridad suprema que es la que debe regir a los pueblos demócratas. Es esa autoridad suprema a la que tanto temen los déspotas, porque triturará sus tiranías y acabará con sus dictaduras. Es por eso que ahora quieren quitar a cada ciudadano esa pequeña autoridad que forman sus derechos cívicos, para que no pueda sumarse la gran familia mexicana y formar un inmenso haz de autoridades pequeñas, y constituir la autoridad suprema.

Sin embargo, el propio Obregón hizo notar, en otro momento, que al ocurrir el golpe de mano de la reacción huertista no fueron más de cien mil ciudadanos los que tomaron las armas en los primeros meses, poniendo en marcha el movimiento que habría de derrumbar al dictador.

En la carta que Obregón dirigió a un grupo de sacerdotes, a principios de 1923, se puede apreciar un nuevo enfoque. *El movimiento revolucionario* —dice Obregón— *constituye un intento de realizar una transformación social en México, cuya necesidad nadie puede negar. Este propósito* —añade— *no necesita entrar en pugna con los aspectos sobrenaturales de la religión, con los cuales no tiene contacto, ni con los principios éticos que animan al cristianismo, que no contradice sino complementa. La pugna se explica porque la Iglesia ha abandonado su terreno de acción natural y pretende obstaculizar la acción que corresponde a la acción de las fuerzas políticas nacionales.*

En las declaraciones que formuló Obregón a fines de marzo de 1926, desde Nogales, explicó que, a su juicio, los sacerdotes descontentos habían querido aprovechar la crisis internacional que se provocó con motivo de la legislación petrolera y de la de extranjería, manifestándose en abierta rebeldía contra la Constitución.

> *El conflicto desaparecerá automáticamente* —dijo— *cuando los directores de las iglesias mexicanas subordinen su vanidad ahora lesionada, declarándose dispuestos a obedecer dichas leyes y a las autoridades encargadas de velar por el cumplimiento de esa legislación, aconsejando esa línea de conducta a los creyentes.*

No se pretende aquí, desde luego, hacer una historia ni una reseña del conflicto religioso iniciado en 1926; pero tampoco sería posible describir ni analizar el pensamiento político del general Obregón sin hacer algunas referencias a esa violenta lucha, que agitó muy a fondo a ciertos sectores del país, por fortuna no mayoritarios; porque los últimos años de Obregón y las circunstancias que rodearon su muerte estuvieron ligados de tal manera con aquel conflicto que todo intento de pasarlo por alto deformaría la realidad histórica y el pensamiento político de la época. En realidad, los revolucionarios de Sonora estaban desarmados cuando surgió la lucha; ya que, habiéndose abstenido de aplicar las disposiciones de la nueva Constitución, habían fortalecido a los enemigos de ella y habían creado la falsa sensación de que una vez pacificado el país llegaría por sí solo el momento de echarla abajo.

Desde el día siguiente a la aprobación de la Constitución, como es sabido, varios elementos del clero se manifestaron abiertamente en contra de su texto. Los artículos violentamente impugnados fueron el 3° relativo a la educación, el 5°, que prohíbe las órdenes monásticas; el 27, que prohíbe a las iglesias adquirir, poseer o administrar bienes raíces o capitales impuestos sobre ellos; el 31, que establece la obligación, para todos los mexicanos, de mandar a sus hijos o pupilos a las escuelas públicas o privadas para obtener educación primaria elemental; y el 130, que establece los límites a la intervención de las iglesias y sus ministros en cuestiones políticas y educativas, así como su capacidad para poseer bienes materiales. El argumento central de la protesta de los sacerdotes en contra de la Constitución de 1917 fue que los artículos mencionados "atentaban contra la libertad religiosa y los derechos de la Iglesia". Como ni el gobierno de Carranza ni el de De la Huerta o el de Obregón intentaron llevar a la práctica los preceptos aludidos antes, la situación era de hecho una tregua armada. La Iglesia rompió, juzgando que el movimiento era favorable para obtener la derogación de esas disposiciones legales, en vista de las dificultades que el gobierno estaba teniendo con las compañías petroleras norteamericanas e inglesas, así como con el gobierno de los Estados Unidos. En efecto, intempestivamente se redujo la protesta de 1917 en la prensa y fue apoyada expresa y públicamente por el Arzobispo de México, José Mora y del Río.

El gobierno nacional contestó la actitud agresiva de la iglesia poniendo en vigor las disposiciones que ésta objetaba. Con tal motivo, fueron expulsados alrededor de 180 sacerdotes extranjeros y se estableció un registro de los responsables de los templos; enfurecida contra tales medidas, la Iglesia católica cerró los templos al culto y se consagró a las ceremonias privadas. Esto explica el tono de las declaraciones emitidas por Obregón en noviembre de 1926. Pero la Iglesia hizo algo más; en varias entidades de la República aparecieron grupos armados, en plena rebelión, que asaltaron poblaciones y trenes, causando un problema militar de consideración durante varios meses. Algunos funcionarios elevados de la Iglesia dieron apoyo público a los insurrectos, lo cual, naturalmente, volvió aún más enconada la pelea. En resumen, es un hecho histórico indiscutible que la Iglesia se declaró abiertamente en contra de la Constitución de 1917, en cuanto fue promulgada; que esperó algunos años, mientras la tormenta revolucionaria llegaba a sus últimas etapas, con la esperanza de que la Carta Magna sería reformada o desconocida; que se sumó a los descontentos creados por la aplicación incipiente de la nueva legislación, cuando éstos crecieron en número y en importancia; que se lanzó exigiendo su reforma en momentos críticos para los gobiernos revolucionarios; y que, finalmente, ante el poco éxito de todo lo anterior, apoyó abiertamente la rebelión armada durante muchos meses. Este intento de subordinar el poder civil a sus propósitos e intereses, visto retrospectivamente, resulta un error inexcusable de la Iglesia, que no podía tener para ella sino consecuencias perjudiciales, porque estaba basado en una idea completamente falsa del curso que habría de tomar la historia de nuestro país en el periodo posrevolucionario.

Sin embargo, una consideración objetiva y desapasionada de los hechos llevaría a la conclusión de que los dirigentes revolucionarios, en particular los presidentes Obregón y Calles, consideraron el conflicto religioso, en buena medida, a la luz del planteamiento que tuvo el conflicto entre la Iglesia y el Estado a mediados del siglo anterior, cuando este último luchaba por su vida independiente y se encontraba en peligro inminente de caer dentro de un grillete ideológico y político que habría impedido el desenvolvimiento sano y moderno del país. No sólo en México, sino en muchos otros países atrasados que en el curso de este siglo han experimentado violentas transformaciones económicas y sociales, las grandes mayorías han participado en ella bajo cierta influencia de las organizaciones religiosas. En algunos casos, estos organismos se han opuesto violentamente a los cambios inevitables y con ello se han granjeado la animadversión de las corrientes revolucionarias; en otras ocasiones, la Iglesia ha prestado su apoyo a ciertas medidas de transformación o, por lo menos, ha permanecido al margen de la lucha política que su implantación ha generado. Pero no puede ignorarse el hecho de que ha constituido uno de los factores políticos que han influido sobre el desarrollo de los acontecimientos; no es el más importante y su actitud no representa un elemento decisivo para la solución final. No obstante, grandes grupos populares son susceptibles de recibir su influencia y actúan, en cierta medida, bajo su dirección. Por ello no constituye una solución válida y eficaz para establecer relaciones estables entre la Iglesia y el Estado. La sola declaración formal de que el terreno de acción de ambas entidades es distinto y que ni el Estado debe intervenir en cuestiones religiosas, ni la Iglesia en cuestiones políticas.

La alianza en el conflicto religioso estableció entre los organismos religiosos y los intereses extranjeros descontentos con la política nacionalista trazada por el artículo 27, así como con los latifundistas afectados por la reforma agraria, permitió sublevaciones militares posteriores al delahuertismo, cada vez con un carácter más conservador, hasta terminar con la rebelión de Cedillo y la campaña de Almazán. El general Obregón, al momento de morir, había manifestado poco antes, en una carta dirigida a uno de los militares que combatían la rebelión cristera, su convencimiento de que era necesario distinguir entre los campesinos extraviados y engañados, por un lado, y por otro los dirigentes que no vacilaron en derramar sangre en una violenta guerra civil, antes que permitir el sacrificio de sus intereses afectados. Quienes desencadenaron la lucha no pudieron extrañarse de que en el curso de ésta la violencia llegara, en ocasiones, a extremos lamentables. Habían jugado su fortuna a una carta que el tiempo volvió inválida. En 1928, su mayor problema era liberarse a sí mismos de la ola de intolerancia y fanatismo que desataron.

14

Un final inesperado

El 15 de julio de 1928 llegó Obregón a la ciudad de México, a mediodía, procedente de sus propiedades de Sonora. Eran las doce y veinte cuando descendió del tren, en medio de una considerable multitud que lo aplaudía. Acompañado por un grupo de partidarios, se trasladó de inmediato a las oficinas del Centro Obregonista, situadas en la avenida Juárez, en lo que un tiempo después fue la Secretaría de Relaciones. En el trayecto hacia esas oficinas, desde la estación "Colonia", un hombre pálido por la emoción, a muy corta distancia, lo observó pasar mientras apretaba contra su pecho un arma de fuego, indeciso respecto de usarla —según dijo más tarde— por temor a herir a otras personas; pero, probablemente, también por miedo a que el acto que había decidido consumar se frustrara al ser impedido por alguno de los muchos espectadores que lo rodeaban. Según consta en las minutas del juicio que se hizo a José de León Toral, desde ese momento vagó como un sonámbulo por la ciudad, en busca de la oportunidad de llevar a cabo su decisión. De León Toral era solamente uno de los muchos fanáticos a quienes el conflicto religioso llevó a extremos de tensión y de violencia. Se le había dicho que el gobierno perseguía a la Iglesia católica y que no habría paz hasta que murieran los principales dirigentes revolucionarios; en su espíritu cegado por la pasión, estas afirmaciones se alternaban con diálogos, más o menos confusos, en los que creía entrar en contacto directo con Dios y sus manifestaciones. De algún modo, para mediados de julio de ese año, Toral llegó a creer que la salvación del cristianismo y el bienestar del pueblo exigían de él un sacrificio inusitado. Hombre de espíritu débil, impresionable, que dependía de los demás completamente, entró en contacto con personalidades firmes y decididas que lo escucharon con asombro, tal vez, cuando percibieron las locuras de que era capaz esta personalidad enfermiza y vacilante. En el proceso no se pudo probar que alguien le hubiera ayudado directamente a cometer el crimen; pero se volvió claro que varias personas estaban al tanto de lo que se proponía, entre otras cosas porque, por su parte, habían intentado algo semejante y participaban en el estado de ánimo del dibujante extraviado. Toral vivió sus últimos años en un medio cuya única preocupación consistía en oponerse a las medidas del Estado, originadas en el conflicto religioso y encaminadas a hacer respetar la legislación objetada por la Iglesia.

Durante sus campañas militares, Obregón había estado en peligro en múltiples ocasiones; sus actividades políticas también lo colocaron en situación comprometida algunas veces. Apenas iniciaba su carrera cuando sus propios compañeros trataron de quitarle el mando en Naco; en la toma de Culiacán fue herido levemente y cayó en una emboscada cuando entraba por segunda vez en al ciudad de México, al principiar la campaña contra Villa. Bien conocida es la forma en que antes había salvado la vida, en parte gracias a Serrano, a pesar de estar a merced del guerrillero de Durango; Maycotte lo salvó también cerca de Celaya y de nuevo se puso a su lado, después de la huída de México, cuando llegó indefenso a la tierra caliente del sur; pero todos esos incidentes, en cierta forma, fueron cuestiones de suerte, peripecias de la vida agitada en que el país vivía, en las cuáles Obregón fue el héroe, como tantos otros lo fueron en aventuras semejantes. El sonorense lo comprendía así y quizá por ello mostraba ese frío valor, esa aparente indiferencia ante los peligros de la vida militar, que sorprendió a muchos testigos y que, según confesión propia, cubría en forma controlada la preocupación y los temores que lo asaltaban en el fondo del ánimo.

Pero el atentado dinamitero de que se le hizo objeto a mediados de noviembre de 1927 debió haberlo encontrado sobre aviso. Poco antes, en el curso de un viaje a los Estados Unidos, había sido objeto de otro atentado, también llevado a cabo por un fanático, cuando dormía en el vagón de su ferrocarril cerca de Tucson. Del mismo modo, unos militares serranistas se habían confabulado para eliminarlo; de suerte que el fanático León Toral sólo consumó lo que otros, con menos suerte, no habían podido conseguir. Hasta los indios yaquis, como ya hemos relatado, estuvieron a punto de capturarlo.

Este ambiente tenso y difícil, que amenazaba complicarse a cada momento con una posible sublevación militar, se vio finalmente llevado al extremo como consecuencia de las ejecuciones de Serrano y Gómez. Si es verdad,

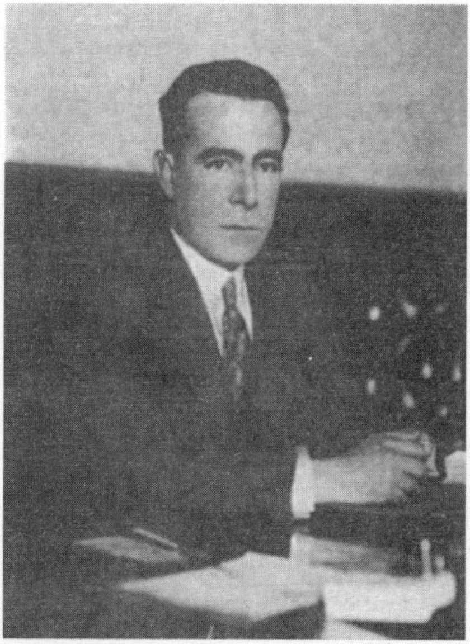

El gobernador del D.F., Francisco Serrano, estaba en contra de la reelección de Obregón, pero antes de levantarse en armas fue capturado y fusilado.

como se ha afirmado, que Obregón ejerció presión sobre Calles para que los dos generales fueran muertos rápidamente y de hecho sin ser juzgados, Obregón habría cometido un crimen semejante al de Carranza en cuanto a las muertes de Zapata y de Ángeles. Los sucesos trágicos de fines de 1927 abrieron de nuevo la puerta a la violencia física y propiciaron el clima en que se produjo, medio año después, el asesinato del propio Obregón.

Estas circunstancias, sin embargo, no deben ocultar otros aspectos de la campaña política para la reelección de Obregón, que aunque en forma contradictoria o asocian con la evolución de las cuestiones nacionales en los años subsecuentes. Después de la caída de Carranza, Obregón se empeñó en seguir con su gira electoral, aun cuando de hecho no tenía oponente serio. Igual cosa llevó a cabo después de las ejecuciones de sus contrincantes, en 1927; estos recorridos políticos por el territorio del país iniciaron un estilo que llegaría a ser tradicional. En las primeras fases de su campaña contra Carranza, Obregón insistió sobre todo en la necesidad de realizar elecciones efectivas, que produjeran resultados democráticamente válidos, lo cual, en su época, era prácticamente un sueño y dio a su campaña, por ello mismo, un carácter un tanto formalista. Pero en 1927, la experiencia del gobierno propio y la evolución nacional ocurrida durante el gobierno de Calles, guiaron a Obregón a subrayar de muchas maneras el papel director y organizador que el Estado estaba jugando ya —y jugaría cada vez más en el futuro en muchos aspectos de la vida económica, política y social del país.

Obregón terminó su periodo presidencial de 1920-24 con una sensación de desilusión y fracaso, sobre todo por el desequilibrio económico que ocasionó la revolución delahuertista. Comparativamente, encontraba él mismo más realizaciones logradas y mejores oportunidades aprovechadas en el periodo siguiente; de ahí que mostrara tanto interés durante la campaña presidencial de 1927-28 por ofrecer una gestión constructiva para su segundo periodo. Varias veces insistió en hacer notar que el triunfo militar de la revolución era definitivo ya en aquella época; en efecto, es muy posible que las sublevaciones militares que ocurrieron después de su muerte hubieran sido evitadas por el peso de su personalidad. En cambio, puede especularse sobre la posibilidad de que su ascenso a la presidencia en 1928 produjera algo muy semejante a lo que ocurrió con el callismo a mediados de la década siguiente, el cual se llegó a convertir en una tendencia reaccionaria y en un freno para el desarrollo de la acción popular de los gobiernos revolucionarios. Hasta cierto punto, eso fue lo que el general Calles insinuó en su último informe de gobierno, al hablar de que con la desaparición de Obregón había terminado la época de los caudillos en nuestro país.

Durante esta campaña, Obregón acuñó la fórmula política —que se encuentra en circulación desde entonces— sobre la existencia de un programa revolucionario, que subsiste a través de la gestión gubernamental de los sucesivos regímenes a que dio origen el triunfo militar. El programa no está cumplido, dice el sonorense, por tanto la revolución mexicana no ha terminado; la acción de los gobiernos surgidos de la victoria armada, agrega, es la realización de esos propósitos incompletos todavía. En cierto momento, él mismo percibió que con la consolidación de los gobiernos posrevolucionarios se abría una etapa larga de la vida nacional, que probablemente se extendería por muchos decenios. Entonces, su razonamiento lo llevó hasta declarar que la acción revolucionaria es el impulso general hacia el bienestar del pueblo, es políticamente el "bien" que lucha contra el "mal"... *Es necesario pensar* —dijo— *que toda nuestra vida y que muchas generaciones venideras seguirán este eterno esfuerzo de los valores morales y espirituales para no dejarse subyugar por los intereses materiales.*

De este modo, el propósito general se esfumó en un programa abstracto; resulta natural que esto lo condujera también a declarar que el gobierno debía dejar de ser un gobierno de facción... *Un gobierno sectario no podría, en estos momentos, controlar fuerzas materiales y morales bastantes para representar el equilibrio que debe guardar un estadista para que todas las fuerzas de la nación puedan desarrollar sus actividades.*

Sin embargo, volviendo los ojos hacia el pasado reciente, el propio Obregón señalaba que el verdadero impulso del movimiento constitucionalista, que lo elevó por encima de los intereses personales y le confirió el carácter de una revolución social, surgió como resultado de la lucha entre las diversas facciones que se enfrentaron en la convención de Aguascalientes. El fracaso de esta asamblea, indicó Obregón llevó a la conciencia de la presidencia, y de los políticos de alto nivel, la evidencia de que sin una bandera que interpretara las aspiraciones nacionales sería imposible vencer a la División del Norte. Podría haber agregado que este impulso fue lo que introdujo en la Constitución media docena de artículos que la llevaron más allá de los planes puramente políticos formulados hasta entonces. Se trata, por tanto, de una lucha entre corrientes políticas opuestas, entre la revolución y la reacción, como decía Obregón. En esta lucha, según lo ha demostrado la historia de los años posteriores, no sólo muchos hombres perseguían únicamente objetivos egoístas y limitados, sino que el desarrollo material del país que se derivó de la revolución también generó poderosos intereses que encadenaron a los dirigentes revolucionarios y desviaron el cumplimiento de los ofrecimientos hechos al pueblo durante los periodos de incierta lucha armada.

Con su innata capacidad de adaptación, Obregón comprendió perfectamente que el país pasaba por una etapa de transición en 1927... *Después de la revolución* —decía el 12 de marzo de 1928—, *la mentalidad del pueblo mexicano ha cambiado mucho, y ahora estamos conscientes de que el papel de una autoridad que quiera merecer este alto título consiste en servir con fidelidad y honestamente los intereses colectivos, morales y materiales que le confían los que la eligen para tan alto cargo.* Y agregó a continuación: *México está viviendo el periodo de transición más interesante de su historia. Para nosotros, que asumimos la dirección de este gran movimiento evolutivo, la tarea principal consiste en saber interpretar las diversas etapas en que tiene que desarrollarse esta evolución, saber interpretar las lágrimas de la sangre, en saber interpretar cuándo empieza el periodo de la inteligencia, la armonía y la reconstrucción.*

Desgraciadamente para Obregón, esta superación nacional tropezaba entonces con muchos obstáculos, como habría de ocurrir con frecuencia en los años posteriores. Al poner en marcha la reforma agraria, su gobierno desencadenó una gran corriente de descontento; la disolución del antiguo régimen había sido bastante completa, de suerte que los grandes terratenientes no estaban en condiciones de oponer una seria resistencia cuando los campesinos ejercían presión para que les entregaran las tierras. Los intereses petroleros obtuvieron libertad para seguir operando, pero desconfiando del porvenir, empezaron a disminuir el ritmo de la explotación. En estas condiciones, la Iglesia católica, que tal vez era uno de los grandes perjudicados por la obra de transformación social —en su doble aspecto, agrario y petrolero—, decidió sumarse a la oposición violenta contra el régimen. La división que así se causó en todo el cuerpo de la nación, no constituía un fenómeno fácil de resolver o subsanar. En cierto sentido, era necesaria una víctima, un "chivo expiatorio" que permitiera descargar en su contra las pasiones desatadas por la nueva guerra civil. De otro modo, los miles de engañados acabarían por comprender el verdadero carácter del conflicto al que habían sido arrastrados, así como la naturaleza de los intereses que estaban defendiendo... ¿Qué otra explicación se podía dar a quienes se habían jugado la vida durante meses o años, sin lograr uno solo de sus objetivos?

Las cuarenta y ocho horas transcurridas entre el momento en que Toral vio pasar a Obregón cerca de la estación Colonia y el instante en que disparó sobre él, en el interior del cenador de los jardines del restaurante La Bombilla, seguramente transcurrieron como una pesadilla para el caricaturista. Simulando un viaje, se despidió de su familia; para entonces su mujer había comprendido que algo extraño sucedía. Durante el juicio, esa víctima inocente se quejó del abandono en que la había tenido Toral los últimos meses. El propio padre del asesino, consternado, confirmaba a todas voces que su hijo había sido instrumento de otras personas, para él desconocidas o que no se atrevió a mencionar. Obregón había salido de su casa en la avenida Jalisco (calle que hoy lleva su nombre) a bordo de un automóvil. De León Toral afirmó haberlo seguido en un coche de alquiler y haber dado con él, por azar, en La Bombilla. Rápidamente trazó unas caricaturas mientras el general y sus acompañantes comían, de pronto se acercó a Obregón, y cuando éste miraba, sonriente, su propia caricatura, le disparó a boca de jarro los seis tiros de su pistola.

Después de muchas horas de interrogatorio en la Inspección de policía, el asesino ofreció llevar a los agentes hasta una persona que podía explicar sus móviles; fe así como los condujo hasta la casa de Concepción Acevedo de la Llata (la "madre Conchita"), una ex religiosa que había tenido serias dificultades con la Iglesia y se encontraba en contacto con la esposa de un alto jefe de la policía. Circularon de inmediato rumores que involucraban a los líderes de la CROM y al mismo presidente Calles; ese último interrogó personalmente al asesino y entregó la investigación en manos de familiares y amigos del desaparecido. Cinco meses después, Toral fue fusilado en el interior de la Penitenciaría. Su viuda contrajo matrimonio más tarde, pero no pudo encontrar la tranquilidad, el segundo marido murió asesinado por una sirvienta, aparentemente indignada por los malos tratos que el sujeto daba a la familia. Por su parte, la madre Conchita se casó también, tiempo después, en el penal de las Islas Marías, con Carlos Castro Balda, coautor de un complot fracasado contra Obregón, en Celaya, durante su campaña electoral. Varios años más tarde, otros cómplices del crimen cometido por Toral, el sacerdote Jiménez y Manuel Trejo Morales, fueron detenidos y condenados a penas relativamente cortas de prisión; aunque ellos animaron a León Toral y aparentemente lo apoyaron moralmente, pero nunca pudo precisarse hasta qué punto intervinieron en la consumación del crimen. Oficialmente, la Iglesia se disoció del acto y provocó con ello un hondo resentimiento en quienes participaron, empezando por el propio León Toral, quien se manifestó arrepentido y desengañado después de las sesiones del proceso público. También la madre Conchita expresó públicamente un resentimiento semejante.

Un testigo describe así al general Obregón, poco antes de su muerte: *El hombre andaba preocupado, charlaba poco, no tenía su antigua locuacidad y parecía presentir la muerte. A ratos se quedaba profundamente pensativo y como que una idea obsesionante le impedía contar sus viejos chascarrillos o tener una ocurrencia oportuna para comentar el momento.*

El capitán Jesús Obregón, sobrino del general, se las arregló para llegar a la celda de la madre Conchita, durante el juicio, y la interrogó largamente; después llegó armado hasta la celda ocupada por Toral en la penitenciaría y trató de hablar también con el preso; los celadores se lo impidieron. Aparentemente, el sobrino cometió suicidio esa misma noche.

Años antes, interrogado por un periodista español, Álvaro Obregón había contestado a la pregunta de dónde y de qué manera le gustaría terminar sus días:

¿Dónde? En mi patria.
¿Cómo? Me es indiferente.

* * *

TÍTULOS DE ESTA COLECCIÓN

Agustín de Iturbide
Agustín Lara
Álvaro Obregón
Antonio López de Santa Anna
Benito Juárez
Cuauhtémoc
David Alfaro Siqueiros
Diego Rivera
Dolores del Río
El Santo
Emiliano Zapata
Fidel Velásquez
Francisco I. Madero
Frida Khalo
Gabilondo Soler "Cri-Cri"
Germán Valdés "Tin Tan"
Joaquín Pardavé
Jorge Negrete
José Alfredo Jiménez
José Clemente Orozco
José María Morelos
José Vasconcelos
Juan Diego
Juan José Arreola
Juan Rulfo
Justo Sierra
Lázaro Cárdenas
Malintzin (La Malinche)
María Félix
Mario Moreno "Cantinflas"
Miguel Alemán Valdés
Miguel Hidalgo
Nezahualcóyotl
Pancho Villa
Pedro Infante
"Piporro"
Plutarco Elías Calles
Porfirio Díaz
Quetzalcoatl
"Resortes"
Rosario Castellanos
Salvador Novo
Sor Juana Inés de la Cruz
Venustiano Carranza

Esta obra se terminó de imprimir
en junio de 2004 en
Litográfica Ingramex, S.A. de C.V.
Centeno 162-1 Col. Granjas Esmeralda
México, D.F.

CALIDAD ISO 9000 CERTIFICADA
Certificado No. 02-2082